Spielen
im Waldorfkindergarten

幼儿园的工作与娱乐

[德] 弗莱娅·雅福克 著

远思 译

漓江出版社

回顾近几十年来我国幼儿教育的发展，有两方面的事实摆在我们面前：一方面，幼儿教育阶段孩子的个性需求没有得到足够的重视，而功利主义思想和行为却主导了人们的育儿观念。成人更多是按自己的意愿为孩子设计未来，却疏忽了幼儿的天性及需要，尤其是儿童内在心灵成长的需求。另一方面，家庭教育、学校教育和社会教育的严重脱节和冲突，让幼儿教育本身逐步偏离其本质，教育的作用更是难以真正发挥，而对孩子身心直接造成伤害的各种社会问题则日趋严重。这样的结果就是：很多幼儿在紧张和恐惧中度过一生中最重要的发展阶段，很多孩子自由玩耍和游戏的时间被剥夺，与生俱来的想象力和创造力受到限制，个性特征不能受到应有的尊重；他们与大自然、与土地的距离越来越远；他们的健康受到严重威胁，童年时代几乎成了孩子的噩梦……在此，姑且不谈导致这种悲剧出现的深层社会发展和教育体制的原因，作为成人面对上述现实，我们能为孩子做些什么呢？我们只有认识到孩子真正的本质，才能做一些有助于孩子成长的工作。

十多年前，当我还在德国学习华德福教育时，一位老师曾告诉我："只有你知道孩子是什么时，你才能成为一名华德福教师。"华德福教育起源于德国，虽然至今才只有九十多年的历史，但目前全球的华德福学校已发展到 1200 所，幼儿园 2000 多所，特别是近十几年发展速度更快。华德福教育来到中国大陆的十年中，在试图引领人们回归教育的本质的同时，也在默默影响和改变人们的教育观念甚至生活方式。目前全国总共有近 30 所华德福学校，和近百所华德福幼儿园和儿童之家。

　　华德福教育对人的本质有着全面而深入的研究，认为每一个人都是独一无二的个体，人是物质、心灵和精神三个世界的公民，因此具有身体、心灵和精神本质。儿童是一个发展中的人，在不同的成长发展阶段，教育者应当以不同的方式给予相应的支持和帮助，滋养他们的身、心、灵，以满足他们全面发展的需要。学龄前儿童处于构建身体、培养意志的关键时期，他们主要是通过模仿来学习，游戏是这个阶段孩子的需要，也是他们神圣的工作；而小学阶段是发展儿童情感（心灵）最重要的时期，这个阶段他们更需要节奏和韵律等和情感相关的各种艺术活动；性成熟之后才是发展他们思考能力的关键期。华德福教育强调成人应当尊重和保护孩子的天性，让他们的身、心、灵得到全面而和谐的发展。华德福学校的课程也是根据孩子不同的发展阶段，真正以孩子为中心而设置的。华德福学校和幼儿园是老师、家长和学生共同学习、成长的家园，家庭和学校保持密切合作，这样就有可能创造一个更适合孩子成长的健康环境。

这套丛书的作者是长期从事儿童教育的德国华德福老师，有着极为丰富的与儿童及其父母一起工作的实践经验。每一本书都从不同侧面指导、引领父母和幼儿园老师，在家庭或幼儿园中怎样以华德福的方式进行各种对孩子身、心、灵发展有益的活动和工作。比如适合各个年龄段、内容广泛的游戏，用多种不同的原料和方法绘画，具有详尽说明并配有词曲和动作说明的歌曲和舞蹈，以及自己动手用纯天然材料给孩子做一些简单实用、能够启发孩子想象力的各种玩具等，并配有具体的实例和大量插图。

这是国内第一套直接从德文翻译、系统介绍华德福幼儿教育实践的丛书。这套丛书能够在人们日益关注教育、家庭、学校和社会问题的大环境下与读者见面，其意义不只是让更多的人了解华德福教育，更多的是激励成人真正行动起来，全身心和孩子在一起，和他们一起游戏，一起画画，一起唱唱跳跳，一起工作。成人参与这些过程本身，就是在陪伴孩子成长，也是在实践华德福教育，这才是真正面向未来的教育。

　　毫无疑问，这套丛书的出版是送给父母和幼儿老师的礼物，而我们成人的行动才是送给孩子童年最珍贵、最有价值的礼物。

王守茂
2013 年 8 月于青岛

自 序

　　这本书中收录了我关于儿童七岁以前的发展和教育的部分文章。本书中的所有描述都以我在德国罗伊特林根市（Reutlingen）华德福幼儿园长年工作的观察和经验为基础。面临幼儿教育任务的家长和教育者们也可以从本书中受到启发，激发他们在每天的教育中做出努力。每个孩子都拥有他们特殊的能力和各自的发展可能，基于孩子的不同，家长和教育者们将了解如何找到一条适合孩子个体发展的道路。

　　在第一部分的描述中，我们将回顾儿童七岁以前的不同发展阶段。接下来的文章则是向读者呈现幼儿园里每天的生活，希望读者能从我们对游戏的描述中得到一些共鸣。至于那个一直饱受争议的话题：幼小的孩子在观察成年人（比如缝衣服等）的时候，他的模仿行为在多大程度上是自发和自立的？我们也将在本书中给予详细的解释。

我们有意识创造的环境，一方面要为儿童的发展提供呵护，另一方面也要尽可能保障孩子自由意志的发展，小孩子对这种环境到底有多大的需求？最后两篇文章会就此展开讨论。

本书为 2012 年的新版本，在本书的末尾收录了关于儿童游戏的系列文章，之前刊载在杂志《节奏》2005 年 1 月号到 5 月号上。不同文章也可能有少许内容重复，但均为原创。

弗莱娅·雅福克
2012 年 1 月

目 录

用榜样和模仿让孩子形成意志力　069

从孩子的游戏中看到的　094

儿童早期的发展阶段

家长和教育者的任务和目标

如果我们要理解儿童七岁以前的这段时间，我们就需要回顾自己的人生成长阶段。在此之前，我们首先要了解一下儿童生命最初阶段的总体情况。

一个生命的形成需要父母双方为孩子提供两份遗传基因组，由此形成一个拥有完整心智的生命，形成人类生命的不同个体。

尽管从外在来看，幼儿已经是完整的生命体，但幼儿的身体在许多方面成长得仍然不够完善：身体内部的各种器官还未完全分化；运动系统还未发育健全，许多混乱、无意识的动作仍然存在；神经系统也有很大的可塑空间。

在最初的六七年生命里，儿童的成长任务是使自己的身体器官发育健全。到达学龄之时，儿童的器官发育过程结束，成长发育阶段开始。此时儿童的身体器官已经发育得近乎完善，儿童可以像使用一件工具一样对自己的身体运用自如。在接下来的发展阶段，儿童应该使与身体紧密相关的心智得到充分表现，让心智发展尽量不受到身体的妨碍。

那么我们如何看待个性发展与身体之间的联系呢？我们可以看到，儿童如何为了规范自己无意识的手舞足蹈而做出不懈努力，如何习得正确的行为举止，在学习走路时如何学会掌握平衡。我们可以观察到，儿童如何从最初

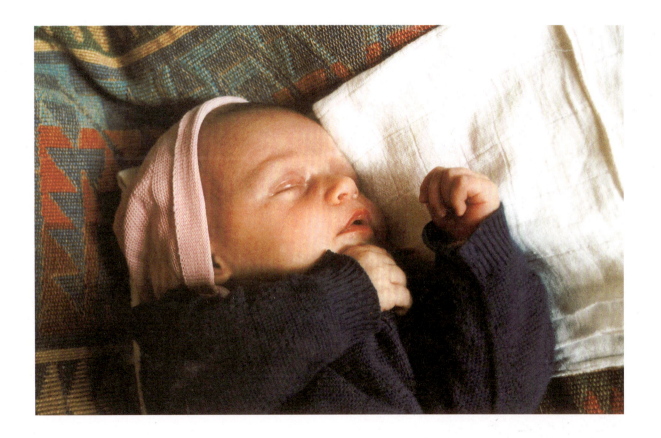

的咿呀学语开始，从周围环境中学会越来越清晰、准确的语言发音。我们也可以注意到，儿童如何从刚开始尚未灵活的举止中逐渐发展出细致分化的有意义的个体化行为。

　　在这些过程中，我们在每个儿童身上都看到他们所做出的努力：如何熟悉、适应自己的身体。在这个身体内部器官发育的过程中，外部环境中一切对幼儿产生印象的东西都对他具有深刻的影响。

　　幼儿毫无保护地处于外部环境中，他的身体就像一个单个的感觉器官：没有任何自主性地把外部世界与内部世界紧密地联系在一起。我们可以用眼睛与之类比：眼睛自身不能看东西，它只是我们看东西的载体。儿童的身体也是如此，它是承载人类心智与个性的生命载体。

感觉的外在表达与器官的内在形成，这两者之间的共同作用在模仿的奇妙力量中表现得非常直观。而这种模仿是每个健康的儿童都与生俱来的能力：儿童首先深刻地接受感知到的事物，再带着自己的意志力领会它，然后回应性地重现外界事物。

基于这样的事实，家长和教育者面临着两项重要的任务。第一项任务是建立一种合适的保护姿态。因此，我们要细心地选择孩子所处的环境，注意环境给孩子的印象。

在和睦的家庭中，在正常的语言和音乐中，孩子可以安静地与环境相处，而嘈杂的声音和争吵则是不适合儿童的环境。在任何情况下我们都要避免让孩子接触收音机、电视机、光盘放录机、电脑这些科技传媒物品。出于对安抚效果的考虑，我们更偏向于选择温和的、单色调的摇篮罩顶和儿童房间墙壁，而不是那些精心打造得很儿童式的、色彩艳丽的、带有各种小动物的墙纸。如果需要带着孩子旅行，我们要注意尽量让孩子处在母亲目光的看护之下，不要过度暴露在充满感官刺激的熙熙攘攘的环境中。

另一项重要的任务是让孩子逐步深入地感受生活，让他学习生命中所必需的生活之道。要教会孩子这些，比较有效果的方法是让孩子注意并模仿大人的行为，而不是太过注重理智的说教。而其前提就是我们成年人努力做好孩子的榜样，这种榜样效应通过我们的行为表现出来，再唤起孩子的模仿冲动。不管怎样，孩子如何模仿不是我们能传授的，而是孩子的主观意志，孩子必须通过自己的意愿来领会。但我们可以有意识地注意自己的行为：我们如何做家务，如何做园艺，如何与别人说话，如何关心他人，如何塑造周围环境并与周围环境相处。所有的一切孩子都看在眼里，并在他的身体塑造过程中深刻地接受这一切。儿童无法判断他们的行为是有意义还是愚蠢，他们只是模仿地跟随生活中的代表性人物，而在教育儿童的过程中，我们就是孩子的模仿对象。

在孩子最初的六七年生命里，他们的模仿行为有三个不同的阶段。这取决于器官发育能力——从脑部到脚尖的整个形体的发育成形过程。在生命的第一个阶段——从刚出生到两岁半的这段时期，器官发育过程主要表现在官能神经系统的发育方面。在这段时期，儿童会学习到人类拥有的三种重要的能力：克服重力直立行走，然后习得语言并作为第三个能力——思想的前提。这一切能力全都是通过模仿习得的。历史上那些悲剧性的例子可以说明，如果儿童所处的是完全被动物包围的环境，他就无法习得这些人类拥有的能力。这清晰地表明，人类的举动只能从人类身上习得。

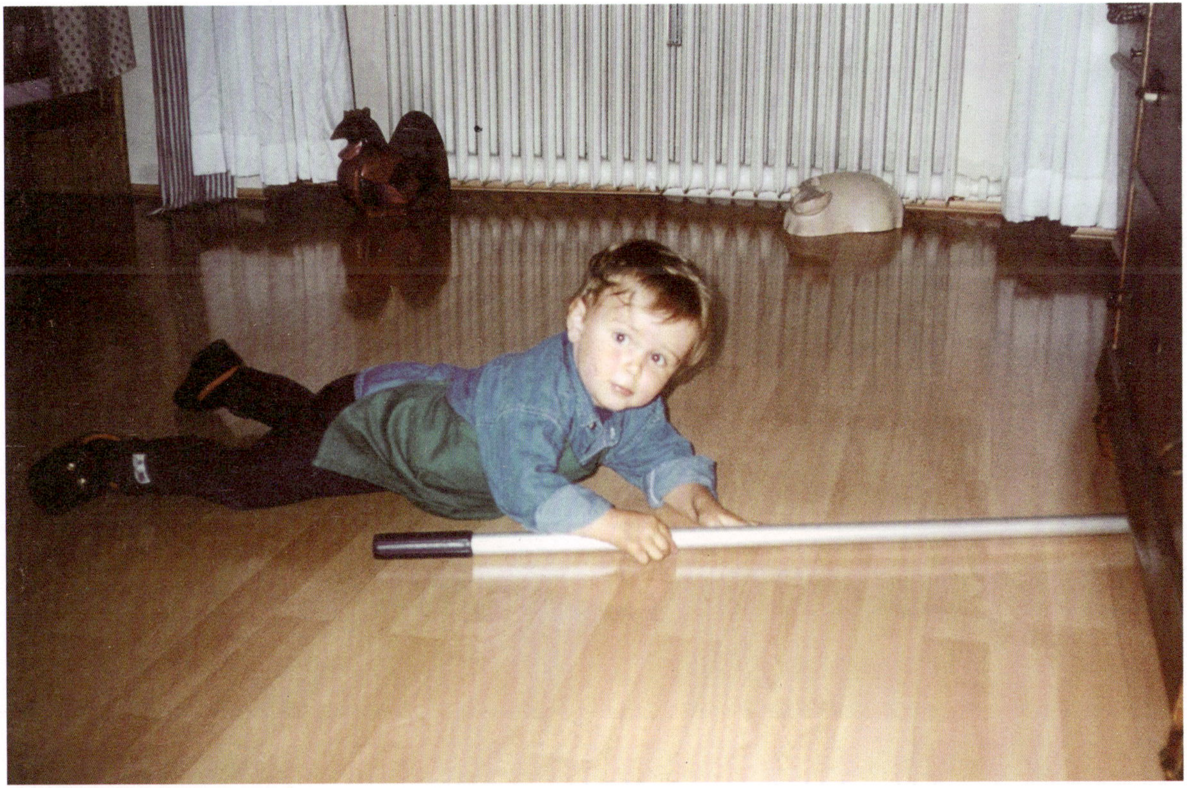

从爬行的年龄到反叛的年龄中
自我意识的觉醒

　　儿童在生命最初的这个阶段会做什么？

　　儿童在还不会爬行或奔跑着前行的时候就已经开始注意观察房子周围的环境并对周围环境表示不安。他们跟在妈妈身后，妈妈做什么他们都要跟着做。他们兴致勃勃地把厨房里的炒锅、锅盖、大勺弄得叮当响；他们把手伸进洗衣水里，把盥洗衣物捞出来再放回去，弄出一个个小水坑；他们拿着扫帚忙碌，然而并不是把灰尘扫到一堆，而是扬得四处都是；他们把原本放置在指定位置的东西费力地搬到别处。他们做这一切都遵循着一句格言："别人要，我也要。"儿童在做这些活动、用真正的

家具什物忙碌的时候是开心的，但他们不明白大人干活的意义和目的。这自然就使得大人做家务活的速度慢下来——没有小孩的这种"帮忙的意愿"添乱他们原本可以更快地干完活。但问题要从另一个角度来看：成年人不仅完成了家务活、园艺和手工活，他们还同时进行了教育工作。这种觉悟应该在如今的教育意识中加以强调。

除了对外界的冲动感受之外，孩子有时候也充满兴致地在母亲身边徘徊，比如观看她削苹果、做针线活等。或者有时孩子会在他们游戏的角落里做一些事情：比如把篮子填满再倒空，把碉堡盖起来再拆掉，把装娃娃的小车往自己身边拖拽。

这里比较重要的是，我们要注重玩具的质量。那些在自然中能找到的或是手工制成的东西大概是最好的。在接触这些东西的时候，儿童从自然的、有机的形态中获得印象，这给儿童的内在器官发育过程带来积极刺激。"那些由毫无生命的数学形式组成的玩具对儿童来说显得单调乏味，扼杀了他们的生长活力。"（鲁道夫·施泰纳语）

当儿童进入反叛年龄，自我意识第一次觉醒的时候，他们正经历第一次真正的危机时期。儿童的自我意愿越来越强烈，但又必须学会让自己的意愿与周围环境和谐相处。如果在这之前他们一直更多的是"我也要"，那么现在则变成了"我不要"。

从三岁到五岁：幻想和突发奇想的游戏

我们回顾一下生命的第二个阶段，儿童三岁到五岁之间的时期。在此之前，儿童的生命力和生长力多集中表现在脑部，到生命的第二阶段则大部分表现在身体的中间部位，即有运动节奏的器官（心脏和肺部）中。在这段时期儿童发展出许多全新的能力，直观地表现出他与周围环境的全新关系。这些能力包括儿童的幻想和儿童的记忆。

下面几个例子是健康发展的儿童在游戏中的表现：

一个四岁的男孩把各种圆形小木块竖放在桌子上，然后问我："您要来点汽水、啤酒还是苹果汁？"

一个四岁的女孩把两块石头放在一块树皮上说："我有一艘船，上面有舵手。"然后她跑到我桌边对我说："我给你带来了巧克力，你要不要？"边说边把石头放到我面前。这时候石头变成了巧克力，树皮又变成了小矮人房子的屋顶。

对孩子来说，小板凳可以先是玩偶们的安乐窝，把它放倒就变成了饲料槽，把它翻过来又变成娃娃们睡的床，小板凳绑在一起又可以变成火车车厢。

这些例子表明，儿童在这个年龄能够把周围的事物改变成其他东西，在特定的情形下把东西改变用途，或者借助想象力把它们变成新的东西。儿童观察某样东西，感受它，也许只是大概地留下印象，然后幻想就可以补充一

切。当然前提条件是儿童在此之前已经对这些事物留下过印象。如果孩子以前从没见过船，也没有在图画书上看见过船，那么他在游戏中也不会产生对船的想象。

这个年龄段的游戏有个特点，即游戏是通过外在的诱因被激发出来的。因此周围的事物必须是能变动的、不完整的或者天然纯朴的，这样儿童便可以通过眼前的东西想象到其他完整的事物，他们就会有事可做，不会觉得无聊。这一切都取决于内在器官的运作。鲁道夫·施泰纳（Rudolf Steiner）指出："当儿童完成适合他们的游戏或任务，对周围的环境获得正确的印象时，随着手部的肌肉变强变有力，大脑和身体的其他器官也同样在正轨上发展。"

这个时期的游戏的另一个特点是多变性。儿童模仿的往往是日常的事物，经常没有任何关联地突然转变到其他事物。儿童总是能够想出些新的东西来。有的成年人看到孩子这样，也许会无奈叹气，认为孩子做游戏时不能集中注意力。然而这个年龄段孩子的注意力取决于游戏的连贯性。

成年人当然要在适当的游戏时间之后进行清理，并且以自己的行为作为榜样，好让孩子们愉快地养成劳动的习惯，而不是把工作看成松散的、命令性的、需要克服的负担一样来面对。

从五岁到七岁：想象的情景和有计划的游戏

在孩子人生的第一个七年里，五岁左右开始了第三个发展阶段。在身体的节律系统中器官的发育能力越来越多地得以释放，并转移到新陈代谢和四肢方面。现在孩子们越来越灵巧，连手指也已经可以灵活地活动。

许多孩子——尤其是那些可以进行丰富的、有创造力的游戏的孩子，他们在五岁时要经历一次危机。首先他们会真心感到无聊。他们会站在人面前说："我不知道我现在该做什么。"他们仿佛不再被想象力眷顾，突然没了灵感。此时的想象力需要一个"禁猎期"，我们不应该引发孩子回忆以前的美好游戏，强行将它唤醒。我们更应该做的是把它融入自己的工作中，例如：削苹果、晾衣服、打扫卫生、做饭、做针线活等等。这样做之后，有时候过不了几天孩子就会唤醒新的游戏冲动。这里开始了一种改变：游戏的激发不再是来自外界，而是来自内心。也就是说，孩子在内心有了一种想象，是对发生过的经历的设想的一种图景，而这可以让孩子不依赖于时间、地点和人物而进行游戏。

五六岁的孩子喜欢扎堆在一起，互相讲故事或者策划游戏方案。比如他们要盖一座饭店，就把手帕叠起来当作餐巾、菜单或者钱袋；再把毛绒小羊玩具当作自助餐上的鱼肉。小孩子假装是卖饮料的人，把一大块带着小树枝的木头放在面前，说那就是他的"啤酒桶"，什么饮料都能从里面倒出来。

有的时候孩子们会建造一家诊所，里面有针管、听诊器、绷带，还有候诊室，这时候手帕又变成了候诊室里的画报。

还有其他一些典型的游戏主题：垃圾车、带蓝灯的救护车、学校、木材作坊、消防车、缆车、电话亭、深海潜水员等等。游戏越来越具有计划性。然而这并不意味着中途不能突然换游戏。如果孩子有个激动的突发奇想，游戏仍然可以改换。

在这个年龄的孩子需要的不是复杂高档的玩具，而是能跟随他们成长的玩具。孩子与玩具之间的关系逐渐变化。五岁以前的儿童看到某个东西之后才产生突发奇想，五岁以后的儿童则首先有个想法，然后努力在物质材料中找到符合他们设想的东西。这时，在此前得到充分发展的幻想又重新有了用武之地。

能让孩子们自发地、开心地玩适合他们发展的游戏，这在如今的社会再也不是理所当然

的事情了。究其原因责任不在孩子，而在于来自各个领域的巨大影响，而且这些影响在儿童的最早期生命里就已经开始。正如我们所见，现在那些制作精良、形态完整的玩具使得孩子们难以从那些手帕、木头之类的简朴自然的游戏材料中得到满足。然而健康的孩子才应该是游戏过程的核心，他们不应该只是完美的科技器械的观察者。那些玩具很快就会丧失对孩子的吸引力，留下的只是无聊乏味，然后使得孩子要求更多。

因此，我们最重要的任务是给孩子创造一个空间——无论是在家还是在幼儿园，让孩子可以进行创造性游戏。最首要的问题是创造一个适宜的模仿环境，让孩子看到有意义的、积极的、愿意工作、愿意耐心陪孩子玩的成年人。这里的成年人不应该对孩子有太多的说教或游戏建议，不要说太多理智的话语，而是应该创造一个平静、愉快的气氛。在广义上来说，即使孩子没有直接参与大人的工作，大人也要在工作中给孩子留有位置。这似乎是个矛盾，但当母亲拿着针线筐或是熨衣板到孩子的房间里，或是当父亲在花园、庭院或客厅里忙碌的时候，每一位父母都能体验到这一点。对孩子来说，最重要的是他周围环境中的人们，他们有节奏、有规律地调节着生活，热爱工作，愿意在自己的工作中有所承担。而孩子就是这一切的模仿者！

大人们做出这样的努力是有回报的，他们会潜移默化地影响玩耍着的孩子。孩子就这样在早期的生命阶段里建立起了以后的生活基础。

回顾前言，从所有的叙述中我们可以很容易发现教育者的任务是什么。现在如果观察我们的目标，我们可以总结性地说：在早期的童年中，如果孩子可以充分利用好每个成长阶段，健康地成长，就没有什么比这更美好的了。孩子通过一系列特殊的挑战，增强了自己的力量，在身体器官细化发育、第一次形态变化（从幼儿到学龄儿童）顺利完成以后，他们已经为学龄阶段做好了准备。这也使得孩子日后可以用同样的愉快心情、活力和学习欲望面对学校生活，适应那里的要求。

华德福幼儿园的生活和工作

在华德福幼儿园就好像生活和工作在一个大家庭里（每一小班平均由二十个三至七岁的小男孩和小女孩组成）。教育者负责有节奏地规划和调节每天的日程，包括家务活和田间工作、手工和艺术活动都要进行适当的安排。此外还有一些活动是在特定的季节里融入节日的气氛当中。

幼儿园的日程和有节奏的安排规划

在深入细致地进行各项不同的工作之前，我们首先要制定一个有时间规划的日程表。

由于我们这里的学校 7:40 开始上学，所以幼儿园每天 7:30 开门。幼儿园所有工作人员会于早上 7:10 到场进行短暂的会面。从 7:30 到 8:30 之间孩子们陆续到来（每个孩子到的时间都不同）。9:15 之前是自由游戏时间，孩子们遵循自己的游戏冲动来进行游戏。他们会自动扎堆组成小组，玩娃娃或者盖房子，搭建救火车或者渔轮。有的孩子还参与到大人的工作中。最小的孩子自娱自乐，或者被大一点的孩子带进他们的游戏当中，例如在医生游戏中扮演病人，在洋娃娃生日中扮演客人，或是在上学游戏中扮演小孩。有的孩子刚开始会先紧紧挨在大人身边坐一会儿才开始玩耍。

游戏时间结束后，大人们首先清理场地，并把玩具和其他器械放回原位。有时候可能还需要清扫场地。这时我们就引导着孩子们按照

不同的年龄参加大扫除。随后孩子们都去上厕所，洗手。最先做完这些的孩子已经开始为早餐准备桌布、勺子和花瓶。大家吃饭之前，我们把孩子们召集到一起进行有节奏的游戏。游戏中有歌曲和歌谣，随着季节变化而不同。大人负责唱歌或说话，努力使身体协调做出各种真实的动作，以便孩子们可以模仿。

早餐的时候我们共同进餐，食物都是我们事先烹饪好的。菜肴每天不一样，每周重复：自制的加盐蜂蜜面包、黄米粥、小麦粗粮面包、麦片、小麦谷粒和粗粮面包。除此之外还有茶和应季的水果。

接下来一直到中午 11:30 又是自由做游戏的时间。我们有时去花园里（里面有装沙子的盒子、铲子、桶、跳绳、球、手推车、铁锹和耙子可以选择），或者在天冷的时候、冬天的时候在附近的公园里散步，有时还会跑步或玩捉迷藏。

将近 11:40 的时候一切都收拾妥当，孩子们换好鞋，洗完手的时候，所有的孩子都聚在"故事角"，在这个上午将近结束的时候听童话故事，有的孩子还抱着娃娃。（同一个童话会在几天之中重复讲到。）

中午 12:00 到 12:30 之间家长来接孩子。（根据需求在有些地方还有下午班，孩子们可以在那里过中午，待到 16:00 或 17:00。）

回顾一下刚刚描述的日程安排，我们会发现，它是按照两张两弛、张弛有度的节奏安排的。在自由做游戏的时间里孩子们处于"弛"的状态，也就是自由地遵循他们自己的游戏冲

动；而有节奏的做游戏时间和早餐时间则是"张"，此时孩子们共同完成一件事情。第二次自由做游戏的时间又是"弛"，而童话时间则又是"张"。为了适合小孩子的状况，我们把"放松"的时间设置得很长，而相应地把"收紧"的时间设置得较短。

每周之内我们都专门有一天是为艺术活动准备的：在自由做游戏期间安插的水彩画活动来代替平时有节奏游戏的广播体操；冬天则用蜂蜡制作活动代替童话故事。每周之中还要有一天（通常为星期五）进行打扫活动，孩子们要擦桌子、擦用香脂抛光过的书架抽屉。

自由的游戏绝对不会由于艺术活动而受到限制，它广泛存在于各种层面。只不过孩子们可以在"绘画日"对画画投入些短暂的时间，而这时间的多少由孩子自己决定。

成年人所做的事情

我们回过头来看看幼儿园里的成年人为孩子们的日常生活所做的事情。首先我们要给孩子们烹饪早餐，然后对房间进行维护（花草护理、灰尘擦拭、清理"四季角"等），对玩具进行维护（清洗、熨平、修理），制作玩具，还要为各种节日做准备。

玩具的制作：大多数玩具都是工作人员亲手制作——亲手缝补、雕刻、粘贴而成的，小筐篓也都是用藤条编制而成的。

每位工作人员都很认真地坚守在工作中，不会因取东西而长久地离开。我们接下来将举例详细说明，工作人员是怎样进行缝制和雕刻工作的。

雕刻

我们为"玩偶角"、人物和动物形象、火车部件、蜡烛等雕刻小勺小碗，这是一件非常令人兴奋的工作。我们当着孩子们的面做这些工作，与他们一起愉快地享受这一过程。随

着时间推移和观察、参与更多制作过程，孩子们可以体会到他们日后所用的东西是怎样产生的。他们不知不觉中就会明白，要制成一件物品需要花费多少工作和精力，这样一来他们就会用不同的态度对待它。勤奋、愉快和注意力集中是这项工作中表现出来的重要元素，对这些孩子们都会进行模仿。

工作时我们会把木工刨台搬到屋子中央的工具柜旁边，总会有几个孩子站在旁边惊奇地观看我们如何用锯、刨刀或剪刀完成这一切。孩子们很珍视那些木材废料。他们会用这些材料盖东西，或者在"小作坊"里把它们磨平。他们会把切下来的木屑碎片收集在一起，有的装饰栗子饼，有的给马当饲料，有的用它给娃娃做饭，用途广泛。在此期间，我们的雕刻人员当然也会被邀请到装饰精美的饭桌上来，或者被邀请参加洋娃娃们的生日，帮助孩子们点蜡烛。

孩子们每天都在关注着工作的进程。他们用小手一遍遍轻轻抚摸雕刻物的表面，当一件物品完成并已经打蜡抛光之后，孩子们也分享到其中的喜悦。

孩子们用自己的方式对雕刻进行模仿，他们用小块的树皮和腐烂的木块雕刻，他们当然还不能用刀，所以就用小锯子代替。

以上这些工作我们都要一星期或几星期来完成。这对孩子们来说是很好的。每天他们来到幼儿园，总是能感受到小作坊的氛围，昨天、今天、明天都是这样。这样会给孩子们一种安全的生活感受，他们在自己的内心深刻地接受这一点，这种感受渐渐萌生发芽，可以变成对生活的安全感，散发出宁静与恬淡。

几乎所有的玩具都是我们自己制作的，孩子们体会着这一点，心中会产生这样的生活态度：我们可以自己动手制作我们需要的东西。这样一来，孩子们对事物学会了珍惜和重视，不会过分苛求，同时他们自己也变得有创造力，变得心灵手巧。

这里要说明的是，幼儿园里工作人员所做的也都是他们各自擅长的技能。这并不意味着他们不努力学习新的技能。但是每个工作者都有各自的特殊技巧：编织、雕刻、给植物染色、竹筐编织等，在每个幼儿园里都能找到不同的工作重点。

如何为节日做准备

这里讲到的是工作的另一个领域，涉及节日的准备。

我们在幼儿园进行的工作一方面遵循着孩子的成长和发展规律，另一方面顺应着四季的变化。幼小的孩童与周围的环境有着紧密的联系——这种联系需要我们好好呵护。所以在我们所做的一切中，我们都要让孩子与四季的现象建立起紧密的联系。大一点的孩子每年都期待着同样的活动，每次快到节日的时候，这些活动都能引导孩子们获得快乐。

节日的内涵和意义以及它背后的说法会一直保留在孩子日后的发展过程中。首先孩子可以通过自身感受的多样性领会到隐藏在活动背

后的节日的意义，然后在他们生命和生长的力量之中留下深刻的印象。

下面我们就以秋天的丰收感恩节为例，详细地描述节日的准备过程。

首先我们设法弄到每种谷物庄稼各一捆。我们把茎秆弄短，把谷穗束成一个丰收的花环。几天以来，孩子们每天都坐在秸秆堆上。有的孩子拿着秸秆互相弄断，有的把秸秆捆成束，或者把短的秸秆和长的连结在一起做成"小钓竿"，还有的小孩把谷穗做成一小束，递给大人来捆扎。很大一部分秸秆最后都捆扎起来留着冬天用，如果小玫瑰树需要捆扎或者小鸟的巢穴需要新的顶盖，这些秸秆就能派上用场。剩下的秸秆就投入炉火里，在大家的欢呼声中燃尽。

然后我们收割小麦穗，数日之后使小麦彻底脱粒。我们对谷物进行精心的挑拣，费尽力气用手动碾磨机把谷粒磨细。这些谷粒之后会用来烤面包，以此庆祝丰收。

除此之外，我们在这段时间还经常把那些大自然的宝藏收集起来搬进屋子里，它们如此丰富地呈现着盎然秋意：采摘熟透的苹果做成苹果酱，把苹果核晒干，把各种草木变干燥。在散步的途中我们采摘橡子、栗子、野蔷薇、山毛榉的果实和多彩的叶子。

丰收庆典

丰收庆典的日子家长们也会被邀请参加。每个孩子手里拿着一个小筐，里面有从花园和散步途中拾来的一点水果和蔬菜，孩子们把小筐放在已经布置好的丰收餐桌上。在餐桌中央摆放着大的圆形面包，周围簇拥着花、谷穗和蜡烛。

首先所有人围在一起，跳起我们前几星期已经教会孩子们的丰收的圆圈舞。然后我们坐在桌旁，围成一个大圈，点燃蜡烛，进行饭前祷告，然后分发烤好的圆形面包。咸味的蜂蜜面包需要仔细咀嚼，所以我们静静地坐在彼此身边，好好享受美味。紧接着每个孩子会从他们的小筐中拿出一点水果给我们，水果已经切成小块，以便轮流分发下去。蜡烛熄灭之后，所有人都跑出屋去，来到火堆旁，父亲们帮忙生火，孩子们吃起烤土豆。吃完土豆，每个孩子在庆典结束时得到一小捆丰收的庄稼束。

这场庆典是丰收时节的高潮。感恩的想法无需言说，已经反映在这几个星期的每个准备活动中。

回顾起来我们发现，幼儿园里出现的所有工作都是这样组织的：孩子们可以参与其中，共同完成和模仿，或者他们可以不打扰别人，坐在那里，遵循自己的意愿。他们受到周围工作的熏陶和激发，感受到快乐。每年的工作都会有所重复，这样一来，孩子们便学会把不同的活动按照时令的顺序排列起来。随着年龄的增长，他们对每一年相同的工作也会有全新的领悟。

节奏与重复，榜样与模仿

总的来说，我们可以总结出以下几点：

幼儿教育有两个很重要的基本观点。其中一个观点是节奏与重复。与孩子们一起进行的活动都与四季的事物紧密相关。教育者尝试多种多样的方法，让孩子与一年四季中那些生动的事物逐渐建立起密切的关系。除了让孩子认识那些大自然中发生的四季现象之外，更重要的还有对根植于其中的节日的深刻理解。每年我们都引导孩子们感受活动和经历的丰富多彩，但从不对他们进行提问，也不要求他们对此进行专门的记忆。我们更看重的是一个愉快的、自然而然的创造氛围，在这样的氛围中，孩子不知不觉地对生命萌发出敬畏与感恩。

幼儿教育的另一个重要的观点是榜样与模仿。在学龄之前，由于大人在孩子面前扮演着绝对的榜样角色，我们必须努力在任何事物中都首先进行自我教育。

每个正常发展的孩子都遵循着成年人世界的活动，并且从中获取他们自己处事、玩耍和举止的行为冲动。教育者做着自己工作的同时，也要有意识地考虑到每个孩子。孩子们的模仿是自由自发的。每个孩子都可以在他愿意的时候用他自己的方式模仿成年人，并完成自己的学习步调。只有当成年人所做的事有足够的多样性和重复性时，孩子才能借助自己的模仿能力，在无意识中寻找到自己的一步步发展所需要的东西。

幼儿园的手工制作

　　说到幼儿园的手工制作，这可是在各个方面都令人愉快的模仿行为。我们不需要刻意想出什么事情、完成什么事情，特意让孩子们变得心灵手巧。如果孩子体会着成年人完成事情的样子，例如在准备节日的过程中亲手做东西、缝缝补补等，他们心中的愿望就会迅速觉醒，要用同样的器械和材料做同样的事情。对孩子来说，大人有什么，他们也想有什么，没什么比这更重要了。所以把我们大人裁剪剩下的东西（剩余材料、毡帽、兽皮、彩纸等）放在小筐里，让孩子始终都可以接触到，这是一个很好的安排。

　　最重要的是让孩子凭借自己的能力，遵照

自己的想法去接触那些物品，并且完全自由地处置它们。如果他们遇到了不可克服的困难，例如如果他们还不会用剪刀，还不会穿针引线，不会在线的结尾打结，那么我们就适时给予他们悉心的帮助。

对孩子来说，比成品更重要的是制作的过程，在这个过程中他们带着自己的意愿全心投入到手工制作之中，同时也不知不觉得到训练变得灵巧。如果我们总是能成功地创造一个愉快的、像家一样的工作环境，孩子们也会很快加入我们，或者先在我们周围玩耍一阵，几天之后再开始模仿我们大人的工作。

在丰富的幼儿园日常活动中，我们从幼儿园的诸多工作中选出缝纫和织绣进行详细的叙述。

一年中，幼儿园园长会在孩子们自由玩

耍的时候开设几次"裁剪小房间"，每次都持续几天时间。园长把用来缝制玩偶和玩偶衣服的材料和毡帽放在一个筐里，在另一个筐里放剪子、针插、顶针和线团。如果孩子们的小手也能适当地接触这些，该多好啊！根据孩子的年龄和性情，我们把他们分成不同的组。三四岁的孩子可以从"儿童筐"里挑选一大块材料，然后他们通常会紧抿着嘴唇、时不时吐着舌头，拿起剪刀认真地"处理"他们挑选的材料。最适合他们的是针孔最大、最长的针。年龄大一点的孩子或者大人帮他们穿好线，他们就用整只手把线缠在材料上，缠到最后仿佛一个大大的线团。然后孩子会忽然欢呼起来："我做了一只小鸟！"孩子一边唱歌，一边用手挥舞着"小鸟"从屋子里跑过。

一个刚满四岁的小男孩由于疏忽把一些羊毛绒缝在他自己的大线团上了。他问："我可以把我的小羊带回家吗？"他的好朋友则刚刚适应了戴在手上的顶针。他伸展开被"保护"好的食指，也开始了缝纫。

而对于五岁的孩子，我们看到的则是完全不同的景象。一个小女孩想缝一个小矮人。她考虑了一下，选择了毡帽作为原料。她把它剪开，创造性地把上面的兜帽缝儿用针脚缝合，就像她在大人那里看到的一样。她把棉花塞进去，把前面缝上以后，马上开始缝制下一件东西。她把两个缝好的小矮人放进裤兜里，跪在地上用小木头和小石头给小矮人建起了一个安乐窝。另外两个孩子从纽扣盒里挑出最漂亮的纽扣，费尽全力把它们缝到一件材料上。大家请求幼儿园老师把纽扣钉到材料的另一面去。这样孩子就知道，纽扣不仅可以缝到布料中间，还可以缝到边缘，虽然不怎么容易缝。孩子精力充沛地拿起剪刀，把纽扣重新缝上，这一回就缝得很正确。

当我们观察三四岁的孩子，发现他们还只是模仿缝纫这一行为——拿起材料，然后把他们胡乱做出的东西借助自己的幻想取个名字，那么我们看到五岁的孩子已经可以有目标地开始缝纫。他们已经有越来越多可行的想法，再借助之前已经丰富的想象力，这些想法和想象力鼓舞他们无拘无束地发挥天分进行模仿。

儿童上学之前的最后几个月里，他们手指的灵活程度已经非常发达，不仅可以自己穿针引线，还能用细小的针进行真正的缝补工作。而且对于他们来说，缝东西的时候把顶针戴在右手中指上也是自然而然的事情了。下面这首关于小裁缝的顺口溜也许对孩子们意识的养成有所帮助：

小裁缝，真开心，
手指上面戴顶针。

（弗莱娅·雅福克）

当我们把一大块软软的材料交到孩子手里，让他们制作自己的娃娃时，我们便为孩子自由意愿的塑造提供了巨大的空间。虽然需要编辫子的娃娃要求精细的缝补，虽然洗礼的小衣服、带兜的小围裙、系扣的短上衣都需要很复杂的工序，虽然为娃娃织头巾需要很费力完成，但我们从来不对孩子们做的东西给予评价。毕竟还有其他许多事情（尤其在自由游戏中）可以使孩子的灵巧、毅力、总体规则能力等得到练习。

再说几句关于绣花的事情。在几年的经历中，孩子们知道幼儿园老师在一年之中的某些特定的时间会给围裙绣花，好让孩子们在玩耍的时候戴。他们以自由的方式模仿绣花的过程，用针在彩色的线与布料之间穿梭。有的孩子仔细挑选彩线的颜色，有的孩子就随便抓来一些彩线。有的孩子用针线在布料上占用很大的面积，有的只是在一小块地方上纠结。从中可以很明显看出，与纺织相比，缝和绣能给孩子提供更多自由创造的可能性。

通过越来越多的模仿学习如何正确使用手工工具，可以引导孩子们学习真正有意义的生活本领。这个年龄的孩子是否能真正领会这些，取决于孩子个人的意志力和模仿能力，更重要的是取决于大人能否通过自己重复的行为给孩子创造一个愉快的、孜孜不倦的模仿氛围。

在幼儿园的工作中如何呵护儿童的生命力

如果我们自问，在幼儿园每天的工作中如何呵护儿童的生命力，那么首先我们应该想想，呵护的意义和任务是什么。

呵护一方面要针对外界事物提供保护，另一方面要确保内部的生机勃勃、井然有序而进行细心照料。虽然呵护需要一些界限的划分，但它并不是完全与外部断绝关系，而应该是由内而外的沟通。

我们不妨联想一下中世纪的城市建造。城市由城墙包围着，不同的位置有几个大门可以进入。通过大门我们看到生活，看到行人、车马川流不息。在大门的上方和旁边有塔楼，塔楼上守卫的人负责观察是否有不正当的人混入

人流进入城里，并且在外敌近前的时候及时关闭城门。我们再想想幼儿园周围的栅栏和树篱。我们也一样有进出花园的大门，并不是所有东西都可以踏进这一门槛，因为我们也有"守卫"——我们的"守卫"会通过人类学的观察认识，从多种多样的生活行为中选出那些适合七岁以下儿童的东西。

还有许多其他的事物也是我们对孩子呵护的体现：屋子里的门窗为孩子围起一个积极的生活与玩耍的空间，工作人员的着装、言谈、干净的外表，这一切都在传递着由内而外的沟通。

温暖也许是被呵护包围的最好体现，并且这种温暖表现在各个方面：在身体方面我们悉心为孩子提供温暖的衣服和空间；在心灵的层面上我们努力表达"诚实的爱，而不是勉强

的爱。这样的爱与环境的温暖共同在身体中充溢，才能在真正意义上促进身体器官的发育（鲁道夫·施泰纳语）"。当我们让智慧统治思想，当我们全心全意投入到我们的行为中，并且我们的行为符合人类学的认知时，我们就在心灵层面上建起了温暖的呵护。鲁道夫·施泰纳经常说：如果一个人愿意做他认识到的事情，那么这就是爱。

温暖的呵护并不是一成不变的，它需要我们不断重新创造。"为了努力不断创造温暖的呵护，我们要建立三种基本的美德，这些美德在儿童三岁以前尤其有着重大的意义，到上学的年龄则需要通过我们的教育继续维护。三岁以前，孩子们学走路的过程我们要以爱心相陪伴；孩子学说话的阶段我们要以真诚的氛围相

面对；孩子思维发展时我们要让清晰二字主导孩子思维发展的环境。"（鲁道夫·施泰纳语）

在接下来的例子里我们都要时刻想着三种基本美德以及如何创造温暖的呵护，因为这些是我们工作最重要的前提。

我们回顾一下，我们如何通过自己的行为、举止、动作建立起呵护。我想把它叫做"行动呵护"。这里首要的就是给孩子创造一个值得模仿的世界。鲁道夫·施泰纳说："幼儿园的任务是把那些生活中的工作寓教于乐，融入孩子们的游戏中……"这是幼儿教育最重要的一点。

我们首先看三个有关生活活动的例子，里面讲述了如何维护、保持环境的清洁。在这当中我们是如何寓教于乐的呢？

环境维护："女清洁工"、"女熨衣工"和"大扫除"

　　每星期"女清洁工"（幼儿园老师或是工作的同事）都会在自由玩耍快结束的时候来一次。她手里拿着好闻的地板蜡和擦地、抛光用的抹布。有时候她会提前通知大家，还有时孩子们会问她以后还来不来。然后孩子们就会把小架子清理一空。"女清洁工"轻轻敲敲玩偶之家的门，给地板悉心地打蜡，然后孜孜不倦地抛光。当孩子们重新收拾好架子的时候，"女清洁工"就辗转到下一个玩偶之家去。她还会用地板蜡继续打扫"杂货铺"和大型的玩具架。擦地的同时我们也引导孩子们整理东西，但不会拆除他们盖的房子，甚至允许他们

在小房子里面吃早餐。

　　第二个例子让我们转向熨衣服的小屋。假如我们是幼儿园里的女熨衣工，我们该做些什么呢？我们把熨斗和熨衣板放在屋子中

央，从这个地方可以环视整个屋子。旁边放着桌子，洗过的衣服仔细叠好放在上面。现在女熨衣工从洗衣筐里依次拿出几块毛巾，把它喷湿，叠起来，用卷筒卷起来放在一个耐脏的垫子上。然后她坐在熨衣板旁边，把卷筒上的毛巾打开，熨平，再叠好放在桌上。她在做这些工作时所散发出的愉悦感染了孩子们，过不了多久，她就会受到孩子们"美味佳肴"的丰盛款待。　她在孩子们的小屋里有着重要的地位，她的工作也在孩子们此时的游戏活动中受到瞩目。

　　第三个例子描述的是大扫除的场景。我希望不要让大家产生这样的印象，以为我们的幼儿园总在清扫。在适当的时候我们要清理椅子、板凳和长椅，收拾桌子，准备好地板蜡和擦地的抹布。孩子们把整间屋子的椅子都挪到边上，排好长队。孩子们总是要我做排头，这样他们这列"小火车"才会跟着我走。清理好的椅子放在敞着门的走廊里，孩子们在那里勤劳地给椅子打蜡，然后再挪回屋里。过不了多久孩子们就把椅子当成火车、咖啡馆、银行来玩耍。在大扫除这一天，有三个小孩恰好把椅子当作两个小家的界线。我过去跟他们说："现在我们要擦一下你们的椅子，一会儿你们就有打过蜡的椅子啦。""哦，好呀！"他们回答说。然后他们就坐到后面的木工刨台上去了。虽然那时还是复活节，他们却欢快地唱起了圣诞节歌曲。然而并不是所有的孩子都参加大扫除。有几个孩子坐在角落的长凳上做针线活；他们旁边坐着的小男孩陶醉地吹着口哨哼

着"我的保护天使"；在玩偶角有小孩给娃娃过生日；在忙碌的扫除活动旁边还有几个小孩在盖房子。

在其他可以举例的活动中，例如缝补、裁

剪、洗衣服、做饭这些事，我们都会建起一个小屋或者小作坊，这里有需要的全部材料和工具，让人可以一直愉快地工作。

我们必须自问：在这些例子中我们如何把生活中的家务或事物寓教于乐，融入孩子的游戏当中？这些工作如何才能体现我们对孩子的呵护？

· 我们的工作过程一览无余地展现在孩子们面前，孩子们任何时候都可以以此为范本进行模仿。对他们的年龄来说这也是一种玩耍。他们在成人的工作中找到了自己的位置。

· 我们事先思考要做的工作，然后在清场之前按照逻辑顺序完成。

· 我们安静地工作，不急不躁总是流畅地、从不无聊而总是愉快地做一件事。我们的注意力既要放在自己的工作上，又要观察屋子里发生的事情，这样孩子们才会有被人关注的感觉。

· 我们会忠实于一件工作很长时间，至少几天以上（当然也有例外），我们会重复地工作，而不会突然起意或是一时兴起而做什么别的事情。

遵循着这样的内部原则我们把生活中的家务或事物寓教于乐。这一切创造了安静的氛围，让孩子们孜孜不倦地模仿，从而达到了呵护的目的！也许这听起来很矛盾——但是孩子们是在安静中活跃，并且他们不需要总是询问"你今天做什么"或是"我们现在做什么"。

避免负面的示范

下面的两个例子将告诉我们，同样的工作做法不对时也会产生负面的效果。

"女熨衣工"把衣物从架子上拿下来，草草地开始工作，觉得没有什么必要喷湿。但在熨衣服的过程中她很快发现毛巾不太平整。这时她才低下头，到筐里拿两块毛巾喷了点水，她对自己的动作根本没有意识。这样看起来好像她并不喜欢熨衣服，在她的工作中没有流露出愉快的感觉，并且给人一种印象，仿佛她的心思只在自己手头的工作上，并不关心周围的环境。她没有充分地想过，我们要充分运用周围的一切来给孩子创造正确的模仿环境，而我们自身的动作对周围环境又有着多么重要的影响。

她只想着赶快在短时间内完成自己的工作，而并没有和玩耍的孩子之间产生接触互动。

在大扫除中也有同样的例子，我们计划清扫架子和椅子。当我刚浇完花去接一个很短的电话，在途中跟几个孩子打了招呼又再重新回到屋里时，两位工作人员——在没有被任何人注意到的情况下——坐到了玩偶之家里面，并且已经把所有架子和椅子都擦好了。起初他们不明白我的失望是为什么，因为他们觉得自己做得很好，并且很自豪如此迅速地完成了工作。但是他们没有给孩子创造出一个愉快的劳动环境，也没有创造出可以寓教于乐的形式。他们只是想尽快干完活。然而重要的不是尽快干完活、不浪费时间地舒适地解决工作，而是把工作一目了然地展现在孩子面前，让孩子能

有意义地参与到活动中来；也可以让孩子待在那里，但是被一种温暖的、愉快的劳动氛围所包围。

如果能够成功地激发我们的工作人员、再激发孩子们的母亲去做日常的劳动，这对孩子们来说真是莫大的福气！母亲的工作同时也经常是教育者的工作，这一点觉悟如今已经不再。如今的"休闲型母亲"坐在地板上跟孩子玩，或者陪孩子看图画书，又或者给孩子放磁带让孩子安静，这样的母亲形象并不能为增强与呵护孩子的生命力做出贡献。

我们能为多动和寡动儿童做些什么?

我们能为这些儿童做些什么? 即使处于我们的呵护之下这些孩子也会出现一些问题, 比如他们自身不能正常地活跃, 或者不能与周围环境建立起正常的关系。他们也许特别好动, 或是有破坏性, 或者非常寡动, 只坐着看别人。对于多动的儿童, 我们可以通过坚持不懈地引导他们的动作把他们渐渐引上正轨, 这些都能在游戏中体现出来。对于寡动的儿童则难办了许多。我们需要一种微妙的分寸感。首先我们让他们静静地坐在那, 然后用充满信任和希望的想法包围他们。他们必须首先在新安排的孩子群体的环境下感到舒适并有安全感。我们可以用简单的话语偶尔给他们制订点工作计划, 通过这样的方法我们尝试为他们创造与周围环境间轻松愉快的关系。例如:"现在我们去拿扫帚好不好?" 或者:"我们现在想要那个装棉花的大袋子。"我们还可以请他们做点事情, 比如到"杂货铺"给我们的"缝纫女工"买个"面包", 或者给她做个午饭然后放到缝纫小屋里, 或者把"哭了"的洋娃娃拿过来, 好让我们在缝纫小屋里好好照料。如果孩子在这些过程中没有找到适合他的活动, 我就让他重新在一旁安静地待着。有时候在很长的耐心等待之后会突然出现转机。有一个四岁半的小男孩就是这样。他是个头脑清醒、非常聪明的孩子, 来幼儿园已经九个月了, 但一直只是观察大人做事, 从来不玩耍, 只有在整理东西的时候他才表现得非常积极。有一天我从

木工刨台上取下一件雕刻物，然后坐在旁边的长凳上，这个小男孩也正好坐在这里。他突然说："来吧，来吧，您尽管坐到我的船上来。"停顿了一下他又指着身边立着的一个大空筐，继续说："您把脏衣服放在这儿，我这儿有一台洗衣机。"这是这个小男孩第一次表达幻想，而这也是他接下来两年里丰富而充实的游戏的开始。

　　另一个五岁的小男孩也是慢慢与周围的环境建立起健康的联系。也许他在我当"女熨衣工"的第一天就已经关注我了。第二天他挨着我坐在熨衣板旁边，参与到工作过程中。当我叠好毛巾，他就把手伸过来，把它放到正确的架子上。然后他递给我一个卷好的毛巾，等待我再次叠好。第三天他坐在熨衣板对面，一点点把毛巾拧干，就像他之前观察过的那样。这是怎么一回事呢？他与周围的环境进行了有意义的接触。通过大人表现出的愉快与感恩，他感受到了呵护。而大人以顺其自然的方式让这一切发生，而不是通过刻意的表扬把孩子和他刚刚建立起的对外界的联系分离开来。

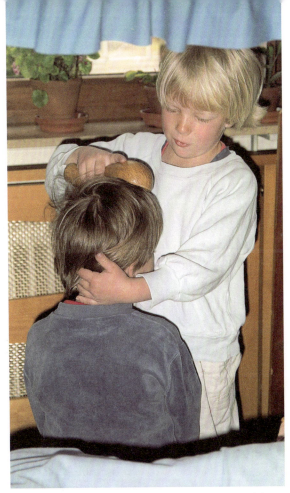

在"理发店"里，孩子用雕刻的木瓢当作吹风机吹头发。

有节奏的时间规划——如何处理干扰

接下来我们举例描述通过有节奏的时间规划形成的第二种呵护。在幼儿园的一上午，孩子们经历"两张两弛"的时间安排。第一次放松时间孩子们可以遵循自己的冲动，在此期间孩子们自由玩耍，同时我们进行清洁工作。然后是短暂的收紧时间里的有节奏游戏和早餐。这时孩子们适应、顺从集体活动。第二次放松时间是早饭后在花园里或在散步途中的自由活动。然后上午结束时的童话故事又是一次收紧时间。

这样的时间规划每天都相同。它们变成习惯，从而形成呵护。大家都知道如果随意改动它会给孩子带来多大的干扰。比如一位

父亲因为今天下班早，就比平时早来接孩子，这样会给孩子造成很大的不适应。回到家之后他还要继续玩，但是已经习惯了马上要吃饭。他就会问为什么，而大人就必须做出解释让他理解。

这样的干扰是可以避免的。至于其他一些生活中的例外事件，我们会根据实际情况适当地添加到时间规划中。比如一位母亲敲门进来给孩子报名上幼儿园，我们会尽快安排接待时间，而不会为了避免干扰而把他们打发走。或者有时候邮递员来送包裹，我们不会让他们等到我们做完游戏才付邮费。在任何严谨的生活过程中我们都应该给这样的干扰留些余地。但总体来说，孩子们可以放心一点，那就是：今天的一切和昨天一样，而明天也会和今天一样。

在孩子们还没来到这个世界时，他们的心灵就被这样的秩序和安全感包围着。在这里他们可以找回出生以前经历的那些熟悉的感觉。所以我们也呼吁，把这些孩子出生以前的世界里的光芒带进我们的生活过程中，使其焕发光亮，以此为孩子们的新生活安全护航。

这种"时间的呵护"同时也变成"习惯的呵护"。我们让孩子养成越多积极生活的好习惯，他们对这份呵护就越觉得安心，就越不需要我们责备的话语。

习惯的养成使责备变得多余

　　这里以每天上午的两段过渡时间为例，这是两个有时候会进展得混乱的时段。首先是早餐前的自由活动时间：比起通过打铃和音乐声，整理工作以行动的方式开始更有意义。这也应该通过模仿发生。大人首先整理他们的工作区域，然后由几个大一点的孩子帮忙，尽可能每天都用相同的顺序管理屋子里的大概秩序，把家具放回原位。现在地上的一切都收拾好了，我们开始对角落进行仔细清理。也许此时有的孩子已经注意到，清理时间到了，于是他们以自己的方式参与进来。他们可以过一会儿去洗手，其他孩子跟在后面。从洗手间回来之后，在门口每个孩子都会从大人那里分到一颗榛子，他们可以用榛子在原地玩耍。接下来我们可以分发小桌布和勺子，每张桌子中间的桌布上都有一个花瓶，旁边有一张桌子专门放餐具。所有孩子都从洗手间回来，各就各位。幼儿园老师也入座，并且扫视周围一圈。然后她会站起来说："我们开始做游戏吧！"然后开始有节奏的游戏。之后孩子们重新坐回座位上，把食物分发好。他们坐好之后把双手合拢，等片刻之后大家都安静了，就开始饭前祈祷。

　　像这样的过渡时间要经过细致、耐心的习惯适应期才可能形成。

　　最开始大人要跟着小孩一起去洗手间，帮助孩子们养成上厕所、冲水、用香皂和毛巾等的正确习惯。所有人都在换衣服的地方等待，

等到孩子们都就座。大人会马上伸开胳膊唱着"我的小鸟儿"带大家"飞回鸟巢"，然后开始做一些轮流的活动。然后大人观察孩子们都已经各自就位准备吃早餐。而在这过程中孩子不会产生"想和谁坐在一起，要坐在哪一桌"的想法，这能让他们安心，也可以说是一种呵护。

这些习惯对于孩子来说很快就成为理所当然，这样一来孩子们很快就转为前面所描述的松散自然的过渡时间的状态。然而无论何时我们都要努力，尽量少用组织的方式，尽量多通过真正有意义的行动来调节生活。这样我们就可以避免强迫的方式。孩子不是被强迫，而是被生活中的活动引导着，这样他们很快会变得沉着平静，乐于助人。

上午的第二次过渡时间是在从花园散步到童话故事。夏天所有的东西都要搬到屋子里，孩子们把鞋里的沙子倒进小桶里，换上屋里穿的鞋子，洗好手。然后孩子如果愿意，都可以抱着娃娃来到故事角。等到最后一个孩子也坐好之后大人也就座。大人再一次环视四周，给孩子擦擦鼻子，再给洋娃娃系上最后的蝴蝶结，然后收收嗓子，引导大家安静，再开始讲故事："很久很久以前……"

到了冬天，我们会通过顺口溜教孩子们穿衣服。"棉衣棉鞋和棉帽，安安静静都穿好。"这样孩子们很容易学会用手脱鞋，而不是用脚脱下鞋子甩到一边。

我们在此期间建立的好习惯都由此成为一种形式、一种仪式、一种呵护。我们当然要注意，不能形成过分的形式主义，在任何事情上我们都要始终保持分寸，让孩子们就像和母亲在一起一样，能和我们一起生活；并且我们做任何事都要经受耐性的考验：即使在所谓的琐事上，也不要表现出倦怠。

正确运用语言

我们要讲的最后一种呵护，是运用语言产生的呵护。

在玩耍的过程中我们可以少说话。通常来说能激发孩子们玩耍或者继续游戏的话语就足够了。重要的是，话语能直接引导孩子行动。有一次两个五岁的小孩盖了一间诊所，很开心地建造好了。他们突然跑到我面前，郁闷地说："没有人愿意当病人。"我没有动员其他孩子，也没有说自己要当病人，我只是伸出一只脚说："我需要软膏，再给我拿点儿绷带吧。"孩子不仅拿了这些，还把滴剂、药丸和热茶也都费力地拖了过来。他们立刻对我受伤的脚产生了兴趣，于是最后很多小孩都愿意当病人，整间屋子人又多了起来。

当身边有危险时，我们有时也需要说话。比如两张椅子放在桌子上，椅子腿离桌子边缘太近的时候。或者我们建造的游泳池上现在又建起了一个跳台。在这种情况下，我们告诉孩子该做什么，永远好过告诉他们不该做什么。以建议的方式可以引导他们，而用禁止的语句则会使孩子们面临一个坑洞；他们得听自己的意愿，必须自己有个新想法，这样反而失去了保护的效果。事情会变成这样，都是因为大人没有努力做到这个黄金规则：不要在给不出建议的情况下说禁止！但这也并不代表大人在必要的时候不能说"你现在太过分了"。

纠正孩子说错的话、搞错的字母以及孩子对幼儿园老师叫"妈妈"，这些都会把孩子从呵护中摇醒，使孩子从呵护中脱离开来。

　　另外，我们也要避免让孩子接触过于尖锐的概念和想法。一位母亲给她只有五岁的小孩用极为"科学"的语言解释他是怎么从母亲身体里诞生的。对这种情况，我们就简单地解释说，人类的心灵是从天上来的，守护天使是连接我们的桥梁，这样就够了。一位父亲觉得必须在孩子面前守住真相，就对四岁的孩子说："圣诞老人总是化装成男人的样子。"

孩子们在搭建危险的建筑时我们要有所警觉。

尖锐的概念还是充满真相的幻想形象？

　　鲁道夫·施泰纳使我们明白：孩子在七岁以前接触到的尖锐的概念和想法越少，他在睡眠过程中就能越好地领悟心灵—精神上的现实，看到想象的事物。"因此，在很多时候孩子确实能在睡眠状态下从精神现实里带来一些认识。"这种现象在孩子换牙期间有所停止，这时，以前长身体的力量现在已从身体中释放，并且输送进睡眠之中。"尖锐的概念在一定程度上衰减了孩子对他在睡眠与醒来之间经历的精神现实的洞悉。"

　　有些天才的瞬间过后，我们能感觉到我们给孩子做出了恰当的回答，但这并不是我们的功劳。有一次，一个六岁半的小姑娘在圣诞节假期里问我："我看到牧羊人在长着苔藓的小花园里往前走，那到底是你还是真的圣诞老人？""你知道啦？那这是我们的秘密哦。"过了一会儿她又过来问我："那核桃项链也是你做的吗？""这也是秘密。"她对我的回答感到深深的满意，但是又第三次跑来问我："那神秘小篮子（根据华德福幼儿园的设定，神秘小篮子是圣诞老人带来的，每天圣诞老人都从大自然里带来一件小东西，放进篮子里，再被盖起来）也是你做的吗，还是真是圣诞老人做的？"这一回的答案必须与前几次不同，根据问题中强调的东西，我们不能让孩子太失望。于是我说："真的是圣诞老人做的。但是你知道，每个大人都可以当圣诞老人，每个小孩将来也都可以成为圣诞老人。"

如果我们总能学会更好地回答孩子的问题，把回答变得生动形象，并且能把生活的真相包裹在其中，那么我们就建起了呵护的围墙，以此保护孩子们的生命力。

总结

最后我们可以自问：为了孩子以后整个人生的基础，哪些是我们必须完成的最重要的任务？

我们必须对孩子的身体进行保护和照料，就像孩子出生前在母亲的身体里受到的保护和照料一样。鲁道夫·施泰纳不遗余力地告诉我们——例如在报告《从人文科学角度看儿童教育》一文中——如何能正确地协助儿童完成身体器官分化发育的任务。

例如："母亲之前对孩子们有怎样呵护的力量和活力，我们现在也要让外界的力量和元素对孩子做同样的事……身体的器

官在此期间要在某种程度上成型，器官的结构关系必须包含特定的方向和趋势。正确的身体环境作用影响在孩子身上，深深影响孩子的器官发育过程。孩子模仿外界环境中发生的事情，在模仿中器官铸造成型，跟随他们一生。"

真正影响孩子们的不是"道德说教"和"理智的教导"，而是"成年人在他们的环境中让孩子们看到的举止。孩子恰恰不是通过说教学习，而是通过模仿！他们自身的器官随着外界环境发展而发育。如果七岁以前孩子在周围环境中看到的都是愚蠢的行为，他的大脑就接受这样的形式，也就致使他在将来的生命中也只能做出愚蠢的行为"。

在制作玩具尤其是娃娃时，我们强调简约，这样才能给巨大的想象力提供丰富的行动空间。"想象力对于大脑的发育有着生动的影响。"我们还突出强调这样的玩具：在两块可移动的木块上安装两个小人儿，他们轮流交替地锤打；或是在图画书上面有可以用线拉扯的小人儿形象，这样可以在静止的画面中添加情节和动作。鲁道夫·施泰纳说："这些都促使器官从内在变得灵活，由此器官得以健康地发育。"

或者我们可以说，教育者的责任在于让孩子形成一种健康的欲望和要求，也就是说："愉快和渴望是促使身体器官正常发育的力量。"

在此，我们再次提出在本章开头提到的那些："与环境相处的愉快心情是影响身体器官塑造的力量。教育者的愉快神情，以及最为重要的诚实可靠、不加强迫的爱，这些东西温暖地充溢在孩子的身体周围，才能在真正意义上促进他们身体器官的发育。"

文中所讲的一切孩子成长的正确身体环境都发生在我们悉心经营的空间里。通过我们的行动——与前面提到的身体和心理的温暖呵护——这样的空间会成为孩子出生以后所需的正确身体环境，也就是对孩子生命力的呵护。

用榜样和模仿让孩子形成意志力

在这一章中我们仍然要研究孩子——主要在学龄前的最后阶段——的意志力发展和教育问题，同时我们把目光聚集在起到榜样作用的成年人身上。他们自己的全部力量，他们内在与外在表现出的安全感，他们充满爱心的坚定不移，他们的愉快和幽默、全部的想象力和果断机敏，一直以来成年人以这一切力量来面对巨大的挑战。尤其在孩子年龄过渡时期的微妙时刻，这样的挑战显得尤其巨大。

首先，我们再一次概略地叙述一下我们在第一章中关注过的孩子的早期发展阶段，因为它对孩子五到七岁的时期有很重要的决定作用。

幼儿生命开始时的状态是什么样的呢？我们注意到他非常坦率开放地接受周围环境的所有影响。他的表现就像一个感觉器官。而感觉器官是没有自我的工具，只是任凭事物来来往往。我们可以用眼睛作类比。人们透过眼睛看到事物，而它本身只是没有自我的工具。这是人类的"意志力顺从"。而孩子的身体作为感觉器官，是孩子心灵—精神的载体，这个与生俱来的载体从孩子生命的内在深处演化而来。（鲁道夫·施泰纳语）

当我们日复一日、月复一月、年复一年地看到孩子们在生命的最初岁月中如何突现出内在的心灵和精神，看到孩子如何从混乱的肢体动作中发展出一切行为举止，看到外在的人体塑造如何清楚鲜明地形成，并成为人类活动的核心时，没有什么比这些更能深刻地影响我们的情感。

有两个现象与我们息息相关：

1. 孩子是感官的载体。

2. 孩子是意志力的载体。

孩子通过感官带着自己的意志力领悟世界，然后把自己融入其中。感官与意志力的综合和共同作用表现在孩子与生俱来的模仿能力中。在模仿行为中我们看到的是通过感官进行接受和有意志力的模仿这两个过程。

鲁道夫·施泰纳接受《儿童教育》采访时说："在儿童七岁以前，我们要正确运用教育的基本法则，这是孩子健康强大的意志力的发展基础。强大的意志力要以身体的健全发展作为依托。"

我们知道，幼小的孩子的身体器官还没有形成独特的形态，自身的循环节律还没有发展形成。我们可以推想到，幼小的孩子是没有节律的个体。

于是这里出现一个问题：每种个体器官的节律以及作为有机体的所有器官的节律性共同作用是怎样产生，怎样受到影响的？有秩序的、有目标的意愿表达是怎样产生的？

首先是外界环境的影响，孩子需要深深浸润在节律行为中，比如起床、睡觉、吃饭，这些都是反复性的行为。

作为感官和意志力的载体，孩子深深地浸润在我们塑造的不变的环境中，而这些深刻地影响着孩子器官的发育，从而让他们学会安排自己的意愿。对此我们将举例加以说明。

孩子从环境中学习到如何安排自己的意愿

我们回顾一下儿童三岁以前的时期。除了在学习站立、走路和说话的过程中无数次努力表达意愿之外，孩子还有许多其他无意识地训练意愿表达的机会，例如抓住东西，放开，扔掉；使用勺子；使用杯子；模仿母亲做家务；打开购物篮子；准备饭菜。这些活动都可以训练灵活性，也可以训练意愿的表达。此时儿童的四肢不再混乱地挥舞，而是有目标地行动。在这过程中大人不要刻意下指令支配孩子的举动，而让孩子纯粹出于每天的重复来形成模仿和习惯，这样孩子才能越来越安心地学习生活之中的各项活动。

如果我们用爱心和愉快陪伴孩子走过每一个学习的阶段，那么孩子也就会充满爱地学会在这个年龄应有的分寸。孩子不仅模仿，还有自己的发现和探索。如果孩子在餐桌角落里分发菠菜时乱抓桌布或者熨斗的线，如果孩子由于身体不灵活打翻了纸篓，而此时大人却只是一笑了事，追到孩子身后只为了看看接下来孩子会做什么，那恐怕真的会让孩子养成恶习。如果大人事先想好怎样为孩子的这些偏差举动承担后果，即为周围环境呈现安全感和方向感，那么就可以避免孩子养成这些恶习。只要孩子自己还无法做到，我们就应该为孩子尚未矫正的意志力提供方向，这一点永远都是最重要的。

随着自我意识的发展，当儿童出现反抗意识时，我们可以察觉到第一次明显的危机。儿

童强烈的自我意愿首先只能展现给他们自己，然后才能慢慢学会与周围环境的意愿和谐相处。如果孩子养成了好习惯，如果孩子每天的生活都充满节律，行为中充满镇定和谨慎，就餐和饭前准备过程中充满细致和教养，这该是多大的幸事啊！

用意志力捕捉觉醒的想象力

幼儿长到三岁左右，主要在大脑的发育过程中形成的生命力得以释放，它与儿童身体中间部分的器官发育过程中释放的力量共同起作用。因此孩子成长中新的能力变得愈发清晰可见。此时出现了儿童式的幻想和记忆。

如果说孩子的意愿之前主要集中在母亲在家务中处理的事情上，那么他现在则把日渐觉醒的想象力同自己联系起来，并且从同样的事物中想象出更多的东西来。想象力就是从现有的东西入手，进入一个充满无限可能的永不枯竭的自由空间。想象力中的意愿仅需远远地联想真实的事物，就能够凭借内心的愉快、优势和力量，把现有的东西变成想象中的东西，把它改变用途变成新的东西。例如在擦鞋的过程中，鞋刷突然就变成了船、变成了飞机，然后就在鞋子上面挪动。或者母亲刚刚打好包裹，把绳子搭在椅子背上。孩子把炒菜的饭勺系在绳子末端，把包裹那一端慢慢拉上来。很明显他是想到了起重机。

我们看到，随着想象力一同出现的还有记忆。但是这里孩子能记忆起的只有之前经历过的东西。当外界的某一特征与记忆中的有一定程度的相似时，孩子马上可以创造出新的幻想。把想象和记忆中灵光一闪的东西实现到行动中，这便体现了意志力。

也有一些孩子不会用意志力捕捉想象力，并且举止混乱，例如横冲直撞地模仿摩托车；在陌生的环境里没礼貌、不正常的举止；喜欢破坏东西；或者内心毫无行动力，毫无动力，舒服地沉湎于三轮车游戏数小时之久。

我们把孩子们分成这几类：举止正常的孩子；举止混乱、漫无目的的孩子和缺乏意志力的孩子。举例说明一下他们的不同之处：举止正常的孩子会把随处放置的毛巾当作娃娃的衣服或者用来盖房子。然而行为令人捉摸不透的孩子会把它扔到地上，踩着它来回滑动，或者把它扔到空中，在这过程中有时还会把花瓶碰倒。

在正常的三到五岁的孩子意志力发展的过程中，他们始终能在游戏过程中产生新的想法。例如两个四岁的小姑娘把所有的椅子排成两排，然后把娃娃放在椅子上，自己也坐上去，然后说："这是我们的卧铺车。"然后她们再把每两个椅子对着排成一排，把娃娃摆成一

孩子们用自然的物质打造出的风景里有河流，有小船。

排说："这是我们的育婴室。"随后她们又把椅子背靠背放在一起，把一大块布放在上面，搭成一个娃娃电影院。刚开始的时候孩子把脚踏板当作摩托车，然后又当作娃娃的生日桌，后来又当作信箱，最后把脚踏板叠放在一起当作"碾磨机"，要把板栗磨碎。

五岁左右的意志力和想象力危机

我们可以观察到许多五岁左右的孩子——主要是那些很有创造力的孩子——都面临着明显的危机。原先集中在孩子内部器官的塑造力现在从新陈代谢和四肢的部位中释放出来，由此孩子成长中出现了一次新的转变。随着孩子的想法开始慢慢成长，他们的意志力也需要有所归属和重新定位。

这需要一点时间。突发奇想的想象力有所减弱，意志力也仿佛有所缺乏。这时孩子会问："我该做什么？"或者会说："我很无聊。"此时我们不要刻意唤起想象力。想象力需要一个"禁猎期"，

需要安静地放任它在那里。我们可以让孩子做一些与大人的行为有关的简明的小事，例如：

- 裁剪一本小图画书，缝纫，画画。
- 把绣花针分类，用它们缝一本缝纫小册子。
- 把裁纸刀擦亮，好让刀锋更快。
- 系带子或者橡皮筋。
- 晾衣服、扫地。
- 在花园里锯木头。

这一切工作都应该是大人做的，而大人的周围需要人帮忙。即使大人需要用语言引导孩子去做这些，这也总能成为孩子的模仿机会。

经过一段较长的工作时间之后，孩子又产生了新的游戏冲动。这一回，在他们的想象中出现了生活场景的画面，例如理发店、医院、急救车、渔船、小酒店、家、救火车、宇宙飞船等等，这些都变成了游戏的灵感。

意志力与想象力相互联系

在这种联系中，我们要注意到虽然周围环境和游戏道具没有改变，但孩子与它们的关系或许已经改变了。为了实现一个游戏灵感，孩子的意志力必须与想法相联系，并且借助之前已经非常丰富的想象力找到身边的某种物体，并把它变成他想法中浮现的事物。这是一个关键过程。

为了实现对游戏的设想，孩子需要想象力、耐心、坚持力和兴奋感，需要坚定决心，克服困难。这些都是受到意志力的强烈影响，并且需要通过行为来处理的事情。

五岁以前，孩子如果把一块弯曲的大石头放到肩膀上，他会说："我在扫烟囱。"五岁以后的孩子会先有当"扫烟囱的人"的想法，然

后说："我现在需要一个长长的扫帚，能这样卷起来的那种。"他到处寻找，然后把帽子上的缨子绑在一条长绳上做成一把扫帚。

五岁以前孩子的意志力捕捉到那些受到外在刺激后从想象力中灵光闪现的东西。现在意志力需要完成内在的努力，因为它必须有目标地与幻想和想象相联系。虽然孩子们训练内在意志力的过程需要很多努力，也许并不舒服，但是一旦他们达到了目标，他们会产生深深的满足感和欢呼雀跃的兴奋感。

如果孩子没有进行此番内在的努力，意志力则很容易变混乱。我们的意思是，他们必须勤奋地做些事情——例如锉、锯、钉、凿等，在这些较重的劳动中他们能把肌肉塑造得强壮有力。他们应该做这些事情，还因为这些是日常生活所必需的。一位有心的、有先见之明的教育者会在一年之中为孩子计划好充足的锻炼机会。像这样的事情可以是：

· 在晚冬时节把花园里掉落的树枝锯断。

· 在夏天里把花坛边缘翻新，把大石头挪到一边。

· 带着木板的木块在花园里可以当成压路机。

· 用铁锹在角落里挖出小的"湖泊"与"河流"。

· 奔跑，呼唤，捉迷藏，球类玩耍，跳绳或者滚木环。

在孩子们和教育者做事和玩耍的兴奋之外，我们绝不能忘记，意志力的训练不仅仅要在肌肉训练中得以体现，这个年龄的孩子还特别要在内心——在接触生动的想法的过程中训练自己的意志力。如果着重加强这方面，孩子们就能塑造稳健的身体。尽管如此，最好的状态还是让孩子在欢闹的同时得到劳动的锻炼。

成年人在孩子有计划的游戏中提供帮助

在孩子开始有计划地玩耍时，成年人的帮助经常能起到指示作用。大人们需要有内心"旁观者"的想法，移情能力，幻想和内敛的兴奋情绪。以下有几个例子可以证明：一个六岁的男孩扮成马戏团团长。他把许多其他孩子用手绢打扮成特定的动物，给他们分配不同的"笼子"，并跟他们讲他设想让他们扮演什么。大家和睦地跟随他玩了很长一段时间。当游戏突然停滞，他们没有了灵感，也失去了兴趣时，成年人有必要提供帮助。于是我说："现在马戏团结束啦，马戏团团员们要下班休息啦。"小男孩回答说："好，然后他们收拾东西到另一个城市去。嗯，这是我的卡车（带架

子的桌子）。马戏团的车都有圆形的棚顶。"这张桌子就在我的工作桌旁边，在孩子说的圆形棚顶之前还充当了刚才游戏里的笼子。小男孩此时已经把"卡车"搭建好了，通过窗户直视我的工作桌，然后说："哦，我们已经到边境啦！现在我们开到别的国家啦，这里有好多雪呀。我们需要一台扫雪机。"

他费了很大力气把铁锹绑在"卡车"前端当作犁头。在身后他把凳子叠在一起搭起一个撒盐的机器，然后不断把栗子从手中撒落。第二天这个小男孩又搭起一辆卡车（这回没有扫雪机也没有撒盐），然后说："这是我的火车头。"他用桌子和椅子继续搭建更多的车，其他孩子也加入了进来，但这还不是真正意义上的游戏。我又重新加入进来，然后说："好，

你们现在有了行李车，搬运工可以把我的箱子取过来吗，我要上路啦。你们还应该有餐车吧，在半路上旅客饿了要吃饭呢。"于是他们表现出了很强的积极性：他们把厚木块当作行李搬过来放到车上，然后又搭建起一辆餐车。这次我不需要离开我的工作位置，同时又能完全融入游戏当中。孩子们给我一份"菜单"，上面有很多美味的菜肴。但是没有人指出来我没有坐在餐车上，否则我无论如何也得照做。

另一个六岁的小男孩和他的小伙伴在桌子下面搭建了一个营地，但是他们还没有开始什么游戏。我说："这样的营地里肯定要有一团篝火，然后我们可以吃烧烤。"——"好呀！我们去找小棍子呀？"——"好，那就拿三根过来。"于是他们努力搭起一个三角支架，用

红色和黄色的手帕还有木块扮成篝火，再把手提篮子挂在中间当成锅。他们又求我给他们再拿两根小棍子，把它们放在两个椅子背上，然后他们把手帕铺到上面，搭起一座帐篷。帐篷里面有小毯子、靠垫和小凳子。他们一直忙活到游戏结束的清理时间。小伙子们抱怨，觉得自己还没开始玩呢！

　　在幼儿园的最后一年，孩子可能会再次产生游戏危机，尤其当我们开始说起上学的事情时。孩子们突然感觉到自己不再是幼儿园的小孩了，于是就会说："我们现在只要工作！"我们可以把这样的孩子们引入我们自己的工作过程中，真正让他们帮忙。过不了一会儿他们就又会重新开始玩耍。

小伙子们像模像样地组建了一个乐队。

作为"榜样"，成年人需要注意些什么？

现在可能出现一个问题：成人为孩子的榜样究竟需要做到些什么，才能使孩子在每个阶段的游戏场景中都能发展他们的意志力？

当孩子内在的器官在发育的时候，这个过程"要想得到充分的发展，意志力必须拥有它的支撑"（鲁道夫·施泰纳语）。而此时外部的环境必须具备井然良好的秩序、节律、良好习惯和充满爱心的坚持不懈。

首先，为了创造井然的秩序，成年人必须始终有预先的想法。这使他们的姿态有了意义和秩序。做事时，成年人不能因为遗忘了什么东西而漫无目的地乱跑。同时，预先的想法也有助于消除孩子的某些不良的意志力表达。

当孩子脱鞋的时候不是用手而是用脚把鞋甩掉，或者有摔门的习惯时，成年人就需要在孩子行动之前就把关注的目光投到孩子身上片刻，直到孩子养成好的习惯为止。而在这期间成年人只要有意识地捕捉孩子坏习惯的那些瞬间就足够了。

第二，成年人预先的行动也会对孩子有所帮助。当孩子早上到我们这里（幼儿园）来，他们就已经看到正在劳动的教育者们。虽然孩子们可能正专注于其他的活动中，但他们的意志力已经以模仿的姿态融入劳动的氛围中。

第三，成年人应该有意识地把每天——也许甚至每年——的日程都安排得有节律，然后进行重复的活动，这些重复的活动又不能太单调死板，而应该与每件具体的事情相适应。

像这样的以及其他的一些前提是"正确的身体环境"的重要组成部分，在这样的环境中孩子们凭借他们的模仿能力，以成年人为榜样塑造自己的意愿，有目标地学习和锻炼意志力。

模仿是意志力的活动，意志力是自我表现的活动！

意志力具有个体差异性，每个人都不同。我们从孩子们的模仿方式中可以观察到这一点。所有的孩子都有相同的榜样，但是孩子们的反应却各不相同。有的孩子能直接领会成年人的行为，完全照做；有的孩子则对成年人的行为无动于衷。在模仿中有很大的自由空间。如果教育者全心投入自己的工作中，

那么孩子会于无意识中找到促进他们意志力发展的可能。

模仿的姿态有很大的个体差异。

五岁以后孩子的行为要逐渐从"我要做"向"我该做"过渡，为此我们有几条重要的前提：

- 良好的习惯。
- 有节律的重复性的工作时段。
- 节日的准备和庆祝。
- 充满爱的坚持不懈。

这一切对于意志力的发展都有不可磨灭的影响。这里的意思并不是说我们要命令孩子做我们突然想到的什么事，而是要让孩子们在学龄之前就与成年人建立起紧密联系，并且把"我应该"做的事变成"我愿意"做的事。

当我们越来越强调想象力的时候，当我们可以告诉孩子们他们该做什么的时候，当我们用鼓励的话语培养孩子的恒心和耐心的时候，不要忘记模仿仍然始终处于核心地位。

孩子如何从成年人那里体会到他们应该做什么？

现在我们要讲述的是，在幼儿园里，孩子们如何从成年人的榜样身上体会到他们应该做什么，以及以他们的年龄可以模仿什么。

作为榜样的成年人应该如何表现，以便让孩子们知道他应该做什么呢？为此，我们必须清楚自己的职责，而不要表现出太多的主观喜好：

•在有目标的工作中：成年人花费较长的时间在自己的工作上。他们或者做许多相似的事（例如为节日和集市做准备），或者在裁剪、编织等工作中花费许多时间。这里孩子们可以体会到耐心、毅力、细致和努力。于是孩子们

便会兴趣盎然地追随大人做事的过程。

•当我战胜自己的惰性，克服不舒适的感觉，养成戴着顶针缝缝补补的习惯的时候，总之，当我尝试让自己喜欢每一件工作的时候，孩子们就能体会到什么是"应该做的事"。

所谓"披着模仿外衣的教育"对于孩子做"应该做的事"有很大的帮助。也就是说，我们用直观的语言告诉孩子们某些人在职业中的行为。孩子们可以从中形成一些想法，然后把它们融入自己的行为中，因为他们想要对这些行为进行模仿。

这里以扮演圣诞老人为例。"圣诞老人"可以为餐桌上的客人服务，并把客人需要的所有东西从厨房和地下室拿出来。然而他只能止步在门口，一位"夫人"在此接过他手中的东

西，再把它们分发给客人。当我讲完圣诞老人的故事之后，我请求一个六岁的小男孩把小碟子发给小朋友们。他用眼睛扫了一圈所有的托盘，当他发现有一盘盛得最满时，就满意地把这个托盘放在自己的位置上。这个时候我对他说："圣诞老人可不会这么做哦。为别人服务都要先想着别人再想自己哦。""真的吗？"小男孩一边问，一边把刚才的托盘放到邻座的小朋友面前，自己则等到最后再拿。

　　已经上学的儿童所做的某些事情也可以成为孩子们想做、并且"应该做的事"，孩子们其实也很期待做这样的事情。在这些任务中，孩子们不仅仅面临着"应该做"的挑战，还在不同的工作过程中得到了锻炼。

　　孩子们可以从我们这里学会制作一个简

我们可以给娃娃做一个小床，上面带着漂亮的蝴蝶结。

单的布偶，我总是用海德威·霍克（Hedwig Hauck）的那句歌谣鼓励孩子："小小玩偶穿布衣，自己动手编起来；墨水滴滴灵感多，宝宝心里乐开怀。"我们用亚麻布织好玩偶，孩子们就根据自己的喜好给"刚出生"的娃娃穿上不同的衣服。

"应该做的事"还包括孩子要听从大人的告诫，并且学会把大人说的话落实到行动上。孩子五岁以前要让他从某件事上分散或转移注意力，最好的办法就是让他从中离开。而到了五岁以后要让孩子与某件事物划清界限就要通过话语来完成，例如"这样不好，我们不要这么做"等。教育者说这些话的时候要表现出不可辩驳的说服力和坚定性，这样才能在这个年龄的孩子面前建立权威。但是在这个过程中，教育者仍需尽量努力在每次说"不允许"的时候都能提出一个建议。

之前我试图描述的一切都遵循着鲁道夫·施泰纳的话语。他说："儿童在开始换牙的年龄之前的生活与他内在发展的意志力紧密相连，这个年龄的孩子的意志力不是受到思想的支配，而是受到模仿的支配。"

学龄儿童刚刚开始有意识的意志力训练

随着学龄的到来，我们也开始有意识地训练孩子的意志力。此时老师给孩子们分配任务，例如浇花、擦窗户框、擦黑板等。在一周的每一天都必须执行这些任务，即使孩子没有兴趣也要克服这个困难。家长和教育者当然必须把这些任务牢记在心，并在不得已时给予孩子们必要的帮助。

我认为在幼儿园的年纪给孩子定期分配任务为时过早。（始终牢记要照顾到每一个孩子，而不是制订一张任务清单，这对于我们来说当然难得多！）重要的是通常由成年人完成的那些重复性的事情，这些事情孩子也可以做，例如铺桌布、分发花瓶、整理鞋子、分发邮件、

扫地等。我们几乎可以说，这些事情哪个孩子做都一样。而总会有孩子过来说："今天我可以……吗？"或者："我可以帮你……吗？""今天让我来做吧，我还从来没做过……"

如果我们请孩子做一件事，得到的回答是"我不想做"或者"我没有兴趣"，而此时其他孩子踊跃过来问："我可以做吗？"此时我们需要迅速地权衡一下，在这种情况下怎么做。我们对孩子的请求是不是对他来说要求过高？或者他并不愿意努力做事？当然在一些情况下我们肯定不会放弃对孩子的要求，但是我们要有深思熟虑的理由，而不能只觉得孩子就应该做某事！

在这样或那样的情况下，我们必须用最敏锐的感觉把孩子们从自然的模仿引向不自然的听话服从，在这些情况中我们看到教育是一种多么崇高的艺术。同时我们也看到，成年人的榜样形象对于儿童的模仿和意志力的发展有着多么特殊的意义。

从孩子的游戏中看到的

当成年人愉快地、全神贯注地做日常生活中必要的工作时，就为孩子们真正自由地玩耍提供了最佳的发展可能。工作中的成年人——但不是坐在办公桌或电脑前工作的人——他们能激发孩子们的创造乐趣，尤其当他们给孩子们提供无限的自由空间，让孩子们可以尽情模仿、自我创造和发明的时候。游戏不是如何忙碌做事，而是如何把内心的创造力表现出来。我们不要把孩子的游戏和游戏似的轻率行为混淆，因为对于孩子来说，虽然游戏带有强烈的活力和愉快的色彩，但它始终是个严肃的事情。这种模仿性的游戏行为在儿童六七岁以前

有三个明显的不同发展阶段。接下来我将对此进行仔细阐述，并且重点强调意志力的健康发展是如何在游戏行为中表现出来的。我们对孩子意志力的悉心维护能帮他们在学龄时期集中注意力并形成学习乐趣，同时也为孩子日后生活中个性化的积极创造力的发展打下了基础。

第一个发展阶段：从刚出生到两岁半

孩子刚出生之后的两年半时间是第一个发展阶段，在此期间孩子的意志力主要集中在自己的身体上。每个孩子独有的精神上的个性与父母赋予的体格紧密相连，在这个阶段发展出对以后的人生很重要的能力。此时发展出的能力是孩子作为人类生命个体所特有的，只有人类才能习得。（狼孩的悲剧性例子就是最清楚的反例。）孩子仅仅凭着与生俱来的模仿本能（这种模仿本能是孩子纯粹的意愿）学习走路，学习说话，然后形成了思考能力。

当我们观察孩子在此期间的游戏行为时，应当把健康的发展作为前提。孩子最初的游戏一般都是愉快地摆弄自己的手和脚，除非孩子被外界的刺激转移了注意力。我们可以看到，在孩子眼中，自己的手指头能带给他多么持久的观察兴趣。很快，孩子还会抓住身边的小手帕或者摇篮里的娃娃放在手里摆弄。对于照顾孩子的成年人来说，透彻理解孩子在这些简单的行为中的乐趣不是件容易的事。因为成年人总会以为孩子在做无聊的事，或者认为如果不把周围的东西在孩子眼前晃来晃去，引起孩子的感官经验的话，就会耽误孩子在这一阶段的发展。如果孩子凭自己的力量学会翻身，学会自然而然地坐起来，那么他自己抓取身边的东西才可能促进接下来的发展。（当孩子们还在襁褓中的时候，他们就已经可以抓取类似软毛刷子、软膏罐头这样的东西。）由于孩子感觉灵敏，对外界事物容易留下深刻印象，因此我们要特别重视所选的玩具的质量。孩子的基本经验究竟有多丰富多彩——这一点并没有明显地反映出来，但当我们把不同形态、不同触感的光滑、粗糙、有方有圆、有大有小的木头放到他们面前时，他们就已经能够感受到自然的多姿多彩。给予他们同样感官经验的还有不同大小的小箱小柜，而通过柔顺或柔软的材质（例如球和娃娃）可以让孩子有不同的色彩和触摸体验。柔软的毛巾会激发孩子想依偎的愿望。与之相比，塑料做的东西则只会引起单调乏味的触觉体验，这种色彩渐变的、

拥有不真实的重量感（例如很大却很轻）的东西让孩子无法实现追求丰富的愿望。在这里，我们还可以找到更多精心设计的遵循着教育目的的物品，同时可以训练到孩子的认知能力。

无论何时，最重要的都是让孩子在接下来的生命发展的每个阶段都凭借自己的力量、自己的意志力，根据个人的发展速度进行发展。世界知名的匈牙利幼儿教育家艾米·皮克勒（Emmi Pikler）建议在刚刚开始学习爬行的孩子面前放置一个倒置的抽屉，上面铺着羊毛的垫子，把它放在孩子活动的小窝里，以此激发孩子爬行的愿望。他给孩子们的座右铭是："你给我帮助，让我每一步都自己走！"这样，我们不仅仅影响着孩子健康的意志力塑造，还让孩子感受到深深的满足。这样的主导思想在接下来孩子敢于站起来，迈出学习走路的第一步时，也有重要的意义。孩子每次摔倒的时候，都无意识地要求自己再次爬起来，直到获得身体的平衡，可以继续前进为止。这样巨大的意志力是出于孩子自己的动力，绝不气馁，而如果此时那些所谓的"帮助"干涉到孩子学习走路的方方面面，孩子的意志力则无法得以发展和变得坚强。

当孩子学会了奔跑，他就会兴致勃勃地跟在母亲或者其他做家务的成年人身后，想要到处帮忙。通过触摸许多做家务的用具，孩子可以形成重要的感官经验。孩子可以充满满足感地拿起大勺、锅盖、架子上的木勺，然后相互碰撞发出响声，或者拿着扫帚、铲子到处瞎

忙，又或者把手伸进洗衣服的水里，把衣服拿出来，又或者把水桶里的湿抹布拎出来，弄得满地是水。在这些愉快的行为中，孩子还不能领会成年人做这些事情的意义和目的。他只是享受行为中的快乐，被发现的乐趣所激励，也从中获得了日常生活的重要经验。孩子经历着周围环境被打扫的过程，看大人们如何把各种用具拿出来，做完工作再放回原位，如何洗衣服，再把衣服晾干，如何把衣服熨平，再把熨衣板收拾好。这一切感官的印象被孩子深深接受在内部官能之中，可以引导孩子有节律地做事，并促使孩子养成好习惯。如果我们给孩子解释做这些事的目的，并刻意引导他的行为，孩子反而会对原本内化的自然而然的行为产生距离感。

也有一些时候，孩子在工作的大人身边自己做自己的事，自己玩耍。如果我们从装着树枝和栗子的小筐中给孩子一些可以玩的东西，再给他们几把小铲子（最好也是木制的），这样孩子们就可以装满再倒掉，可以搭建小塔再拆掉。在外在的无意识的游戏过程中，孩子们的身体也潜移默化地受到影响，进行着内部的塑造。在游戏过程中，小拖车和娃娃婴儿车也是有助于孩子快乐地进行创造的道具。

这一阶段孩子的一切都遵循着"别人要，我也要"的座右铭，所以当孩子两岁到三岁期间第一次有意识地感受自己的意愿时，他们会经历一场真正的危机。此时他们必须学会让自己的意志力与周围的环境和谐相处。

第二个发展阶段：从两岁半到五岁

如果说两岁半以前身体的器官分化主要发生在大脑和神经官能系统，那么这一阶段的身体塑造力主要体现在身体中间部位的有节律的器官上（心、肺和循环系统）。

从大脑释放出的塑造力现在转移到心灵和精神层面，变成孩子的想象力和记忆力。这样的想象力是一种始终变换、不断产生出新想法的力量。我们可以看到一个孩子怎样在短短的时间里把小板凳先当作娃娃的小床，又当作灶台，再当作火车车厢、马厩，最后甚至当成摩托车玩耍。我们看到孩子们在两片圆形

树皮切片中间夹一条叠好的毛巾，先把它当成烤饼干的铁模具，又把树皮当成电炉，把毛巾变成了擦炉的抹布。我们还可以看到孩子如何把一段长绳绑在大勺上，先把它当作钓竿，然后又很高明地把它挂在椅子背上，当作工地上的照明灯。绳子系在带柄小刷上可以成为遛狗的绳子。一块树皮可以成为小船，把它架在两块小木头上又可以变成屋顶或小桥，中间插放一块长条木头又可以变成小提琴。

从这些例子当中我们看到，孩子内心创造性的想象力总能把我们眼下能看到的事物变成许多别的东西。一方面孩子们的锻炼和发展需要如此，另一方面，除了日常生活中不断重复的各种家务活之外，孩子们也需要特殊的创造性过程的体验。比如，当我们用一方手帕打几个简单的结做成一个娃娃或者小动物，或者用一个软木塞和几块木片做成小溪边的水车时，孩子的想象力就得到了锻炼和发展。

在这个年龄段的孩子的游戏过程中我们可以观察到很多的变动性。例如两个四岁的小姑娘最开始正在用一块平坦的木块当熨斗熨娃娃身上的手帕。过了一会儿，其中一个小姑娘把木块放在手帕中间，把手帕四角系起来包成包裹，再把包裹扛在肩上说："快来，我们扮圣诞老人吧！"她俩把另一件围巾披在身上，拿着一根棒子和包裹离开了房间。她们在门外慢慢地敲门，迈着庄严的步伐进来，把包裹无声地放在幼儿园老师的脚下。然后她们又去拿另一个包裹，这样的行为重复了三次。第三次她们在地板上发现了几块手掌大小的羊毛材料，之前有几个孩子刚刚把它们当钓鱼的鱼饵用过。两个小姑娘每人拿了一根棍子，把它插在羊毛材料上，模仿起了滑雪运动员。她们又来到手工桌旁边，发现桌上有两支彩笔，可以给娃娃画上眼睛和嘴巴。她们把棍子放到一边，坐在桌边画起了娃娃。

孩子们这样的游戏行为也许看起来像是不专心，因为每个游戏之间转换得没有什么关联。然而这个年龄段的特点就是这样，游戏大多都是通过外界感官印象激发而来的。也就是说，当孩子看到某样东西，唤醒了对某样熟悉的事物的记忆时，他就能用想象力创造出新的东西。所谓的专心意味着停滞在一处。而前面举的例子则表现了游戏过程的连续性，这样的游戏过程是专心的，而且通常是多变的。

如果一个小组里有很多年龄相仿的孩子，情况肯定会有些混乱。但是我们从上述例子中可以看到，之前的小孩丢在地上的东西可以激发其他孩子的游戏想法。如果在这个过程中孩子们被要求清理场地，那么游戏的连续性不仅被打断，还会被干扰。

孩子充实的游戏有两个前提：一是在孩子面前以愉快的心情工作的成年人；二是可以不断变化的玩具和材料，让孩子总能用它们做出新的东西来。一枝弯曲的树枝上面盖着一块布，它可以是山，可以是棚屋，可以是乐器，可以是鹿角，还可以是变速器。每一次做成一件逼真的东西，孩子们都会萌生快乐的感觉。对于娃娃，孩子尤其能体验到这种感觉。每个娃娃都只由一块方巾和充在里面的羊毛做的头

组成，方巾的两角打上结，作为娃娃的手，娃娃的眼睛和嘴巴都需要用彩笔画上去。所以孩子必须凭借自己的想象力，凭借自己所了解的成年人世界的喜怒哀乐创造自己的娃娃。这是想象力中对儿童意志力的最高级别的挑战。孩子首先要给娃娃画上眼睛，而他们画的眼睛是笑着的、睡着的还是哭泣的，这些都反映着孩子的内心活动。当孩子用木块当杯子给娃娃喝水，把娃娃放在用蓝色布料做成的筐里给它"洗澡"，用栗子给它"涂香皂"的时候，也都反映了孩子的内心。这些内心的活动让孩子满足而平和。

如果孩子手中的是一个制作精细、什么都完备的娃娃，那么游戏该是多么无聊啊！娃娃身上所有精致的装置——眨动的眼睛、真实的尿布、哭声、说话声——这些只能让孩子成为旁观者。如果孩子多次触碰娃娃身上的机关，例如触摸娃娃的肚子或者胳膊，而每次都是相同的机械回应，孩子自然而然就会觉得无聊。

让孩子们接受最简单的玩具和游戏道具，这一点并非自然而然的事。如今我们需要付出特殊的努力，把孩子重新引导到这样的游戏中。如果我们成功做到了这一点，那么成年人与孩子之间的关系就变得更加坚固。愿意加入孩子游戏的人就容易被孩子们所接纳。

第三个发展阶段——五岁到六七岁

孩子五岁左右又经历了一次危机。有时候孩子突然不再有幻想力，在健康发展的情况下开始第一次感到无聊。器官塑造的力量现在更多聚集在新陈代谢的器官和四肢，我们可以从孩子的手脚活动中越来越多地观察到这种塑造力对个体的影响。从胸部器官释放出的部分塑造力转变为精神心灵层面的新的能力，变成孩子内心的想象力、设想力。此时我们经常能听到孩子说："我闭上眼睛还是能看见你。"从孩子游戏的过程中，我们能清楚地看到，孩子洞察整个行为过程的能力渐渐加强。

在孩子经历游戏危机的时期（通常为几天到几周时间），我们会让表面上看似退隐的想象力暂时休眠，让孩子更多地参与到家务活当中。在切水果、切蔬菜时，在擦碗擦碟时，在浇花、做简单针线活或者其他简单工作时，孩子并不需要太多想象力。因为菜刀、擦碗的毛巾、浇花的水壶、缝纫的针线都在无声地告诉我们应该怎么做。

过不了多久（时间长短视孩子的个体差异而定），孩子又以全新的方式激发起了内心的游戏意愿。而此时游戏冲动不再是来自外界的事物和情景，而是来自内心。丰富的想象力和记忆力唤起了孩子游戏的冲动。大多数时候几个年龄相仿的孩子聚在一起精心筹划游戏的想法，进行一番争论然后达成一致。在实现游戏计划的时候他们则面临着新的挑战。例如孩子们要搭建救火车，就要把救火车里的他们看到

过的、能想象到的一切东西都做出来。他们可以用的材料仍然是他们熟悉的、简单的、玩什么游戏都可以用的游戏道具。当他们想着如何制造救火用的消防水管时，他们就在搜寻着新的主意。于是他们会想到用长长的、卷成细长卷的毛巾或者用羊毛线缠在粗长的圆柱形长木头上，让它惟妙惟肖地卷起来，以此充当消防水管。孩子们有时候还会用小软垫或者倒扣的小筐绑在头上当消防安全帽。为了让救火车的灯光闪烁起来，一个小孩坐在"救火车"的棚顶，上下活动着用毛巾盖住的双手，一边做动作，一边发出愉快的"嘀嘀"声。

此时，在孩子发展的第二阶段已经得到充分锻炼的幻想能力又重新回归。它与意志力相联系，在思想形成的领域中发挥越来越显著的作用。在这里这种自由的、不受外界控制的、不受教育目的束缚的游戏为孩子提供了一个广阔的活动范围和锻炼空间。

孩子洞彻自己经验、理解技术过程的能力和意志力此时已经在游戏中表现得越来越明显。例如，几个孩子把角落里的游戏架子上挂满了毛巾。大概过了二十分钟，他们把幼儿园老师叫过来给她展示自己的成果。再例如，孩子们拿起一张椅子，把椅子的四条腿都缠上一段绳子，每段绳子在尽头处都打上结，系在一起。孩子们把椅子吊到"杂货铺"架子上面。在椅子座位上放着几个娃娃，等到椅子升到"杂货铺"架子以上的高度时，他们把娃娃卸载到架子上，然后又把椅子慢慢放下来。这就是他们自制的"电梯"，并且运转得相当不错。

孩子们还会用桌子和椅子搭建垃圾车，在上面安装"倾倒装置"；把六米长的绳子横穿整间屋子，上面挂上钩子充当"缆绳"；在"扫雪车"后面放置撒盐的装置；在救护车里安放可以推进推出的病床……从这些例子中都可以看出孩子洞察力和理解力的发展。

从这些例子中还可以看出，只有当孩子们亲身实现某种技术运转，深入参与到技术运转过程之中时，他才能了解具体的运作是怎么回事。如果我们只是把有科技含量的玩具、带按钮的娃娃放到孩子眼前，迫使孩子充当被动观看者，那孩子则会失去前面所说的那种能充分表现耐心、毅力的意志力训练的机会。孩子们不会有慢慢累积起来的快要实现计划的充满希望的感觉，不会有经历过长时间努力最后达

到目标的快乐，也不会有回望实现计划的过程时那种深深的满足感。在此我们还要特别提到电脑游戏的害处：电脑游戏使孩子的注意力从自然的、成长过程所需的想象的画面中转移开来，阻碍了孩子内心进行想象的努力，而把外界的吸引人眼球的画面强加给孩子来接受。

另一个游戏的场景则给我们展示了此时的孩子如何想要完全领会成年人的社会交往全过程：一个六岁的小男孩扮演饭店的老板，他带着一张卷起来的小手帕（菜单）走到了坐在熨衣板旁边的幼儿园老师面前，问她要不要点菜。她把熨斗放到一边，大声读出菜单上的菜：意大利面，以及其他孩子爱吃的东西。最后老师点了菠菜和土豆泥，饭后甜点是巧克力布丁。小男孩用夹在耳朵上的小勺当笔，记了

下来。过了一会儿他从杂物桌上拿了几个小碗。一个小碗里装着叠起来的绿色手帕（菠菜），上面放着团成一团的黄色羊毛线（土豆泥）。他对幼儿园老师说："我还给您做了一个煎鸡蛋。"在他走之前，这孩子还特地从他那用手帕和围裙做成的"零钱口袋"里掏出几个栗子和桃核，放在熨衣板上说："一会儿您可以用它付钱！"

在这样的游戏中孩子总是同时受到许多方面的要求。孩子们首先要思考和设想技术实现的过程，然后凭借自己的力量模仿着进行创造。在整个过程中孩子都全身心投入事情之中，全神贯注、心情平和。在占用较大空间的搭建过程中他们可以随时锻炼到身体的控制力和平衡，因为他们始终在变换着身体的动作和姿势。他们事先设想游戏计划，彼此权衡协商并且与小伙伴达成一致。当他们在自制的"吉普车"上安装后视镜和变速器的时候，当他们在娃娃的背上安置书包时，当他们搭建"电梯"和"缆绳"让它们能够承受重量时，或者

当他们在搭建的过程中自己发明一个"水平器"（把一块木板放在一个圆木上，木板中央放置一个小球使其平衡）时，他们还同时锻炼了手指的灵活性。

日常生活中的经验被孩子们带到了游戏中加以模仿，而这些经验也渐渐变成了孩子潜意识里理所当然的事："我需要什么可以自己做。"

这个年龄段的孩子在做手工活的时候也有同样的快乐和毅力。三四岁的小孩就已经很高兴地坐在手工桌旁边，兴奋地在布料上穿针引线，最后大多都只弄成一个团子。在儿童发展的第二个阶段，孩子凭着想象力很容易就做出了一只用绳子牵着的小狗，或者如果是一块绿色的布料就可以做成一个小青蛙，如果是一块羊绒料子就可以做成一只小羊。过一会儿孩子们就能用小小的一块布料做出各种小娃娃，只需要在娃娃头的地方扎起来一个小脑袋就行。到儿童发展的第三个阶段孩子会对自己要缝制的东西有一个明确的设想，然后自然而然地着手工作。在自由游戏时间里的任何时候孩子都可以做针线活。他们已经试着自己穿针引线，如果不成功，就会有小朋友或成年人帮助。大孩子帮助小孩子的愿望很自然地形成，这也是出于对幼儿园老师的模仿。孩子们已经越来越可以做一些简单的针线活了。他们会用布料的边角废料自己给娃娃缝制小衣服。大人此时只负责裁剪，好让材料对娃娃合身。缝扣子对于手的灵活性要求多么高呀！幼儿园老师紧接着会在衣服上恰当的位置剪出扣眼。

此处要强调的是，让孩子做这些工作不需要额外安排缝纫时间或者活动时间，我们要让孩子们在有做这些工作的冲动时可以随时着手。同时，做针线活的时间长短也没有限定。

对于想做手工活的孩子来说，情况也是一样。一个六岁的小男孩问我们要钻头（可以螺旋钻孔的那种）。他在花园里收集了许多小的树皮，然后用钻头在每块树皮的两端钻孔。他学着平时经常在大人那里看到的样子，在树皮下面垫一块木头。小男孩又用许多线把每块小树皮串在一起做成一辆小火车，上面载着小石头。他用了整整四十五分钟目标明确、全心全意、全神贯注地把精力倾注在他自己选择的任务上，然后独立、灵巧地完成了任务。之后他甚是满足地把他的"小火车"带回了家。

不同年龄的孩子在小组中的共同游戏

当不同年龄段的孩子们聚在一起时，会使游戏变得相当丰富。三四岁的孩子更喜欢几个人各自玩耍而不是相互配合着玩。也就是说，孩子们三两成群，但是每个人都有自己的主意。比如两岁的小孩"一起"用椅子和板凳搭建火车头，每个小孩都坐在一个板凳上面当驾驶员，各自都想要向前行进，但过了一会儿之后他们发现这样做行不通。于是他们排成一列依次坐下去，然后发现："有时候也有两个驾驶员。"另有三个孩子从玩偶角的架子上拿来许多装材料的小筐。一个孩子把装有小闹钟的小筐放在膝盖上，让每个闹钟都发声，然后开心地听着不同的声响。另一个孩子从筐里把所有的栗子都挖出来，然后把栗子分发到所有的小筐小碗当中。第三个孩子正在乐此不疲地玩娃娃。每个孩子都得到了充分的满足。

小一点的孩子喜欢参与到大孩子的游戏当中。比如在马戏团团长还需要更多动物的时候，旅游车还有空座位的时候，或者医生没有足够多的病人的时候，又或者布偶戏还需要更多观众的时候。在这些情况下小一点的孩子更喜欢被人引领。但是即使大孩子们不能跟他们待在一起太长时间，他们也不会觉得困扰。

大孩子对待小孩子时充满宽容和移情能力。比如在马戏团游戏中他们能准确地觉察出，他们可以要求每个"动物"做什么，同时他们还会帮助小孩子获得平衡感。大孩子对同龄的孩子也许没那么容易宽容，但是对小孩子却相对能够容忍。如果大扫除的时候小孩子把东西放错了篮子，或者在收拾桌子的时候没有正确摆放勺子，又或者小孩子没有很好地遵守规则的时候，大孩子会给予宽容。在这些情况下大孩子对成年人的模仿对他们的行为有很重要的影响。

小孩子观察着大孩子，并且也对他们进行模仿。他们很乐意接受大孩子的帮助，例如在做针线活的时候，在给娃娃的褯裸上系起蝴蝶结的时候。他们用自己的方式在游戏中模仿大孩子的行为，无声地承担某些特殊的任务和义务。这样一来，他们就与大孩子一起亲如兄弟姐妹般相处，同时自己也自然而然地成长为大姐姐和大哥哥的角色。

成年人的角色

如果不提到成年人在孩子面前的重要意义，孩子们的游戏也就无从谈起。成年人的作用已经在很多方面得到了证明，现在我们要更详细地论证此事。

只要是有人类活动的地方，无论是建筑工地的工人还是修水管的工人，无论是花园的园丁还是森林里的工作，无论是房东还是维修工人的到来，孩子们都充满兴致地站在那里旁观。当我们在家里擦窗户或者烤饼干时，孩子的反应也是一样。所以我们尝试尽可能多地把日常生活中的工作（经过挑选）融入幼儿园中。在此我们主要列出了四个不同的活动领域：

·花园和房间的维护和清理，包括擦灰尘和浇花。

·家务领域，包括为孩子们烹饪早餐、烘烤，秋天采摘水果，以及洗衣服、熨衣服和维护家具。

·节日庆典的准备和进行。

·玩具的制造和维护，包括缝补娃娃和玩偶，编织小篮子，给丝织品和没织成的羊毛染色，为"玩偶角"雕刻小勺小碗，为"杂货铺"雕刻小铲子，以及对玩具进行维修等。

此时大家可能有理由问：成年人在什么时候照顾小孩？答案是：全程都在照顾！对于成年人来说，既要全身心投入工作，又要有意识地注意着孩子，这并不是件容易的任务。会有几个孩子来到成年人身边加入他的工作，比如在厨房角落里，孩子们拿起烹饪剩下的废料和垃圾做手工活，要用它们独立完成一件东西。对于孩子们来说，那些金箔、薄纸和绒毛废料是多么宝贵啊。他们能把一切东西回收利用，在它们身上发展自己的想法。

成年人会把密切关注的目光投向在屋子里玩耍的孩子。在必要的时候成年人会激发孩子们的游戏愿望，避免可能发生的危险。再比如在占用空间较大的搭建活动中，成年人会不失幽默地帮助协调孩子们之间的矛盾。

成年人做自己的工作时总能够

激发孩子们参与的愿望，而一切的前提是他要热爱自己的工作。如果成年人的活动持续一段较长的时间，并且从始至终圆满完成的话，就可以使孩子感到镇静、舒适。连续几天，有时候甚至连续几周屋里都有相似的创造氛围，这能够给予孩子一些安全感，让孩子感受到，昨天是这样，今天、明天也都是这样。孩子们通过这样的方式可以感受到很有价值的美德，并且会对其进行模仿：不仅仅是勤奋、耐心、努力和毅力，还有在事情进展并不顺利，或是有时需要重做一件事时所需要的坚持和自我克服。成年人通过自己的行为、姿态表露出对待工作的态度，这一切孩子都看在眼里。

成年人做自己的工作的同时也经常会成为游戏的核心。比如有一次两个小孩在玩医生病人的游戏，他们跑过来抱怨说："没有人愿意当病人！"此时大人完全可以中断自己的工作来当病人。但是这时幼儿园老师只需要伸出一只脚说："这里需要上药。"很快两个小"医生"就在许多旁观者的围观下开始用纤细的薄毛巾给"病人"包扎了起来。当他们十分认真地用樱桃核当作药丸给病人开完药之后，在他们回到屋里时就已经有很多旁观者跟随其后了。现在"候诊室"里有了更多的人。此时这里又聚来了两个六岁的小女孩，她们用绳子把叠在一起的手帕串在一起做成一本画册，然后把上面的"剧目单"念给一个三岁的孩子听。

还有一次一个五岁半的小男孩来找正在木工刨台前雕刻的工作人员，对他说："您快去接电话！"工作人员赶快拿起一块木头放到耳

边，然后就听小男孩问："您那里是不是停电啦？我是紧急修理工，我马上就过来！"于是他背着一堆各种各样的圆木头（工具）和不同的绳子（电线），开着"小轿车"一脸严肃地要开始"工作"。

还有一个三岁的小男孩把一块厚木板放在地板上，说那是他的马。他邀请幼儿园老师一起"骑马"。幼儿园老师不愿意坐在上面，于是她说："等一下，我先去取个马鞍来。"于是她拿来一个儿童椅放在木板上，自己坐了上去。小男孩笑了起来，说："你骑反啦！"其实对于通常的人来说根本就分不出哪里是头，哪里是尾。

还有当孩子们给娃娃过生日，需要有人点蜡烛的时候；或者当孩子们搭建起布偶戏的小舞台，需要观众的时候；又或者当孩子们要把桌子叠放在一起，需要帮助的时候；在这些时候成年人只需离开自己的工作一会儿，帮完忙后又可以马上回到自己的事情上。

所有这些例子都在告诉我们，成年人的工作活动如何激励孩子，如何让孩子在模仿和参与中学习并且变得更加灵巧。

户外的玩耍

户外的玩耍是孩子健康发展必不可少的活动和训练，我们的户外活动可以在花园、在公园或者在树林里。在与大自然的真实接触中有多少东西等着我们发现、等着我们用爱去观察啊！当一只小瓢虫突然爬到孩子的胳膊上，又很快飞走的时候；当花圃里出现一只蚯蚓，又很快挖了地洞消失不见时；当蜘蛛在偏僻的角落里织网的时候；当蜗牛慢慢蠕动前行，又突然把触角缩进壳里时；当蜜蜂和蝴蝶造访花朵时，这一切总是深深根植在它们身边的日晒雨打风吹中，与环境有着紧密的联系。这些体验被孩子的身体深深接受，反映在孩子的身体发育中，直到有一天他们把这些升华为理解和意识，深刻地成为他们人生经历的背景。我想，再好的光影录像都无法传达更无法替代这样的体验。

在户外玩耍时，还有一件事对孩子特别有意义，那就是他们对成年人户外园艺和维护工作的体验。成年人在整个一年里都会在自己的花园里做许多工作，例如翻土、铲土、播种

或把树叶耙成堆。孩子当然可以随时帮忙，也可以在旁边进行自己的活动。树皮、苔藓、石头、木棍、球果等东西总能激起孩子的兴致，建造自己小小的花园和房子。我们出乎意料地发现，沙子为儿童的活动提供了丰富的可能性，因为沙子对于孩子的手来说是件了不起的材料，可以不断地重塑不同的形态。

不同大小的树干和不同形态的木板会激起孩子们建造小木屋或跷跷板的兴致。在攀爬、跳绳、踩高跷、滚木环和球类游戏时，孩子们也同样可以训练身体的灵活性。对此我们也不需要制订额外的训练时间，而是应该把这交托给孩子的兴趣和他们本身的游戏动力。大多数情况下，当一个孩子开始跳绳或玩皮球的时候，其他孩子很快就会加入其中。当然，成年人对于孩子游戏冲动的激发也有贡献，他们会在孩子出去散步时带上木环、皮球和跳绳，并且在熟悉的场地把它们放在那里任孩子拿取。在滚木环游戏中，成年人会参与其中，并且帮助孩子们把木环滚起来。

跳绳也给孩子们带来特别的快乐。我们把绳子的一边绑在树上，大人在另一边摇绳子。这样我们还可以观察到每个孩子因年龄不同而各不相同的弹跳能力。在有风的日子里，我们让孩子在户外奔跑，此时捉人游戏特别值得一提。它能让孩子们尽情享受运动的乐趣，又能在必要的时候停止。在这样的集体游戏中我们还总要注意不同年龄段的孩子的行为举止。也就是说，对三四岁的孩子要宽容对待，而对五六岁的孩子我们则期待他们好好遵守规则。

总结与展望

回顾孩子发展的不同阶段，我们可以看到孩子们在自由的、有良好陪伴的游戏中如何拥有一片理想的、广阔的学习空间。每个孩子根据自己的个体发展状态，用自己的方式掌握的各种经验、知识和动手能力基本上都是通过模仿行为习得，而不是通过说教和内省。因为理智的训练会使儿童刚开始发展的身体塑造力过早地脱离适合孩子年龄和器官发育过程的行为活动。我们可以看到，这些塑造力如何一步步循序渐进地遵循着某种特定的塑造规律，以变化的形式成为孩子新学会的本领。我们还看到，孩子如何竭尽全力获得这些塑造力，并且通过游戏将其强化。随着身体塑造力慢慢地、循序渐进地从器官中释放出来，孩子的理性思维能力也在不断地成长。

但只有当器官完全成熟，孩子已经长出臼齿的时候，聚集在器官中的塑造力才能以健康的方式从身体活动中释放出来，运用到学龄儿童的学习中。现在儿童已经为以后的人生打下了身体基础，而这个身体基础还会继续成长。

我们希望每个孩子都能顺利而平静地度过他们人生最初最基础的几个阶段，而不要让过早的学业要求削减了他们心灵、精神和身体上的充实和满足。孩子五岁左右出现的无聊表现或许使人认为，此时孩子不再需要天真单纯的玩耍，而需要"真正"地开始学习。然而我们前面所阐述的那些已经清楚地论证了这个错误。对此，鲁道夫·施泰纳尤其功不可没。他

通过精神研究得出儿童器官塑造力与思维能力的关联。他得出的某些结论如今已经得到了大脑研究的支持，然而他的理论在教育学中的应用仍然任重而道远。

在如今的许多孩子身上我们可以观察到，他们的头脑在很小的年龄就已经非常清晰，可以轻松地接受诸如字母和数字这样的抽象概念，然而身体成长发育的步调却并不一致。这种情况对于五岁半左右刚长出臼齿的孩子来说则正好相反。在这两种情况中都存在着一种局部加速度。此时我们不需要过早对孩子提出智力上的要求，而是应在游戏中给予全方位的悉心陪伴，并且有目标地加强对心灵呵护的投入，只有这样，我们才能把孩子引向一种健康的平衡。而华德福的教育就是这样的教育！

Spielen und arbeiten im Waldorfkindergarten By Freya Jaffke

First published in 1991

© 1991&2012 Verlag Freies Geistesleben & Urachhaus GmbH, Stuttgart

桂图登字：20-2011-006

图书在版编目(CIP)数据

幼儿园的工作与娱乐 / （德）弗莱娅·雅福克著；远思译 . —桂林：漓江出版社，2013.9（2019.10重印）（华德福教育经典译丛）
ISBN 978-7-5407-6731-0

I. ①幼… II. ①雅… ②远… III. ①幼儿教育 IV. ①G61

中国版本图书馆CIP数据核字（2013）第224822号

幼儿园的工作与娱乐 YOUERYUAN DE GONGZUO YU YULE

作　者：［德］弗莱娅·雅福克　　　　　　　译　者：远　思

出 版 人：刘迪才　　　　　　　策划编辑：符红霞　　　　　　　责任编辑：王成成
封面设计：孙阳阳　　　　　　　内文设计：宗沅雅轩　　　　　　　责任监印：黄菲菲

出版发行　漓江出版社有限公司　　　　　社　　址：广西桂林市南环路22号
邮　　编：541002　　　　　　　　　　发行电话：010-85893190　0773-2583322
传　　真：010-85893190-814　　　0773-2582200　　邮购热线：0773-2583322
电子信箱：ljcbs@163.com　　　　　　　　微信公众号：lijiangpress

印　　制：三河市中晟雅豪印刷有限公司
开　　本：965 mm × 1270 mm　　　1/32　　印　　张：4　　　　字　　数：50千字
版　　次：2013年10月第1版　　　　印　　次：2019年10月第3次印刷
书　　号：ISBN 978-7-5407-6731-0　　定　　价：30.00元

D